메시지 | 히브리서
야고보서
베드로전·후서
요한일·이·삼서
유다서

THE MESSAGE:
Hebrews
James
1·2 Peter
1·2·3 John
Jude

Eugene H. Peterson

The
MESSAGE

히브리서
야고보서
베드로전·후서
요한일·이·삼서
유다서

유진 피터슨

복 있는 사람

메시지 | 히브리서. 야고보서. 베드로전·후서. 요한일·이·삼서. 유다서

2019년 12월 20일 초판 1쇄 발행
2024년 2월 28일 초판 5쇄 발행

지은이 유진 피터슨
옮긴이 김순현 윤종석 이종태
감수자 김영봉
펴낸이 박종현

(주) 복 있는 사람
주소 서울특별시 마포구 연남동 246-21(성미산로23길 26-6)
전화 02-723-7183(편집), 7734(영업·마케팅) 팩스 02-723-7184
이메일 hismessage@naver.com
등록 1998년 1월 19일 제1-2280호

ISBN 978-89-6360-337-7 00230

이 도서의 국립중앙도서관 출판예정도서목록(CIP)은 서지정보유통지원시스템 홈페이지(http://seoji.nl.go.kr)와 국가자료공동목록시스템(http://www.nl.go.kr/kolisnet)에서 이용하실 수 있습니다. (CIP 제어번호: 2019049732)

차례

007 『메시지』를 읽는 독자에게

011 히브리서 머리말
013 **히브리서**

131 유다서 머리말
133 **유다서**

055 야고보서 머리말
059 **야고보서**

075 베드로전후서 머리말
077 **베드로전서**
093 **베드로후서**

103 요한일이삼서 머리말
105 **요한일서**
123 **요한이서**
127 **요한삼서**

『메시지』를 읽는 독자에게

『메시지』에 독특한 점이 있다면, 현직 목사가 그 본문을 다듬었기 때문일 것이다. 나는 성경의 메시지를 내가 섬기는 사람들의 삶 속에 들여놓는 것을 내게 주어진 일차적 책임으로 받아들이고 성인 인생의 대부분을 살아왔다. 강단과 교단, 가정 성경공부와 산상수련회에서 그 일을 했고, 병원과 양로원에서 대화하면서, 주방에서 커피를 마시고 바닷가를 거닐면서 그 일을 했다. 『메시지』는 40년간의 목회 사역이라는 토양에서 자라난 열매다.

인간의 삶을 만들고 변화시키는 하나님의 말씀은, 내가 『메시지』 작업을 하는 동안 정말로 사람들의 삶을 만들고 변화시켰다. 우리 교회와 공동체라는 토양에 심겨진 말씀의 씨앗은, 싹을 틔우고 자라서 열매를 맺었다. 현재의 『메시지』를 작업할 무렵에는, 내가 수확기의 과수원을 누비며 무성한 가지에서 잘 영근 사과며 복숭아며 자두를 따고 있다는 기분이 들곤 했다. 놀랍게도 성경에는, 내가 목회하는 성도며 죄인인 사람들이 살아 낼 수 없는 말씀, 이 나라와 문화 속에서 진리로 확증되지 않는 말씀이 단 한 페이지도 없었다.

8

내가 처음부터 목사였던 것은 아니다. 원래 나는 교사의 길에 들어서서, 몇 년간 신학교에서 성경 원어인 히브리어와 그리스어를 가르쳤다. 남은 평생을 교수와 학자로 가르치고 집필하고 연구하며 살겠거니 생각했었다. 그러다 갑자기 직업을 바꾸어 교회 목회를 맡게 되었다.

뛰어들고 보니, 교회는 전혀 다른 세계였다. 제일 먼저 눈에 띈 차이는, 아무도 성경에 별로 관심이 없어 보인다는 점이었다. 얼마 전까지만 해도, 사람들은 내게 돈을 내면서까지 성경을 가르쳐 달라고 했는데 말이다. 내가 새로 섬기게 된 사람들 중 다수는, 사실 성경에 대해 아무것도 몰랐다. 성경을 읽은 적도 없고, 배우려는 마음조차 없었다. 성경을 몇 년씩 읽어 온 사람들도 많았지만, 그들에게 성경은 너무 익숙해서 무미건조하고 진부한 말로 전락해 있었다. 그들은 지루함을 느낀 나머지 성경을 제쳐 둔 상태였다. 그 양쪽 사이에 있는 사람은 많지 않았다. 내가 가장 중요하게 여긴 일은, 성경 말씀을 그 사람들의 머리와 가슴 속에 들여놓아서, 성경의 메시지가 그들의 삶이 되게 하는 것이었다. 그러나 거기에 관심을 갖는 사람은 거의 없었다. 신문과 잡지, 영화와 소설이 그들 입맛에 더 맞았다.

결국 나는, 바로 그 사람들에게 성경의 메시지를 듣게―정말로 듣게―해주는 일을 내 평생의 본분으로 삼게 되었다. 그것이야말로 확실히 나를 위해 예비된 일이었다.

나는 성경의 세계와 오늘의 세계라는 두 언어 세계에 살고 있었다. 나는 언제나 그 두 세계가 같은 세계인 줄 알았다. 그러나 사람들은 그렇게 보지 않았다. 나는 어쩔 수 없이 "번역가"(당시에는 그런 표현을 쓰지 않았지만)가 되었다. 날마다 그 두 세계의 접경에 서서, 하나님이 우리를 창조하시고 구원하시고 치유하시고 복 주시고 심판하시고 다스리실 때 쓰시는 성경의 언어를, 우리가 잡담하고 이야기하고 길을 알려 주고 사업하고 노래 부르고 자녀에게 말할 때 쓰는 오늘의 언어로 옮긴 것이다.

그렇게 하는 동안, 성경의 원어—강력하고 생생한 히브리어와 그리스어—는 끊임없이 내 설교의 물밑에서 작용했다. 성경의 원어는 단어와 문장을 힘 있고 예리하게 해주고, 내가 섬기는 사람들의 상상력을 넓혀 주었다. 그래서 오늘의 언어 속에서 성경의 언어를 듣고, 성경의 언어 속에서 오늘의 언어를 들을 수 있게 해주었다.

나는 30년간 한 교회에서 그 일을 했다. 그러던 어느 날 (1990년 4월 30일이었다), 한 편집자가 내게 편지를 보내 왔다. 그동안 내가 목사로서 해온 일의 연장선에서 새로운 성경 번역본을 집필해 달라는 청탁의 편지였다. 나는 수락했다. 그 후 10년은 수확기였다. 그 열매가 바로 『메시지』다.

『메시지』는 읽는 성경이다. 기존의 탁월한 주석성경을 대체하기 위한 것이 아니다. 내 취지는 간단하다. (일찍이 우리 교회와 공동체에서도 그랬듯이) 성경이 충분히 읽을 수 있는 책이라는 사실을 모르는 사람들에게 성경을 읽게 해주고, 성경에 관심을 잃은 지 오래된 사람들에게 성경을 다시 읽게 해주는 것이다. 그렇다고 굳이 내용을 쉽게 하지는 않았다. 성경에는 이해하기 어려운 부분도 많이 있다. 그래서 『메시지』를 읽다 보면, 더 깊은 연구에 도움이 될 주석성경을 구하는 일이 조만간 중요하게 여겨질 것이다. 그때까지는, 일상을 살기 위해 읽으라. 읽으면서 이렇게 기도하라. "하나님, 말씀하신 대로 내게 이루어지기를 원합니다."

유진 피터슨

이상한 말 같지만, 지나친 종교 행위는 좋지 않다. 하나님, 믿음과 순종, 사랑과 예배는 아무리 많이 찾고 추구해도 지나치지 않다. 그러나 우리가 하나님을 "이롭게 해드리려는 마음"으로 행하는 노력들, 이른바 종교 행위들은 아무리 선의에서 나온 것이라 해도 하나님께서 우리를 위해 행하시는 일을 가로막을 수 있다. 언제 어디서나 핵심은 하나님께서 이미 행하신 일, 그분이 지금 행하고 계신 일, 그리고 장차 그분이 행하실 일이다. 예수께서는 하나님의 그 일을 드러내신 분이시다. 실제로 히브리서의 저자는 예수가 "우리 믿음의 중심"이라고 말한다(히 3:3). 우리의 핵심 임무는, 예수께서 드러내신 하나님의 일에 응답하고 순종하며 사는 것이다. 하나님의 일에서 우리의 역할은 믿음을 실천하는 것이다.

그러나 그 과정에서 우리는 종종 조급하게 자신을 드러내 보이려 하고, 보잘것없는 생각으로 뭔가 좀 더 낫게 만들어 보려고 한다. 우리는 덧붙이고, 보완하고, 미화한다. 그러나 이런 행동은 예수의 순수함과 단순함을 선명하게 드러내기보다는 오히려 더 흐리게 할 뿐이다. 우리는 종교적으로 까다로운 사람이 되거나 안달복달하는 사람이 되고 만다. 우리는 길을 가로막는 장애물이 된다.

지금은 히브리 사람들에게 쓴 이 편지를 다시 읽고 기도하며 우리의 길을 점검할 때다. 이 편지는 "지나치게 종교적인" 그리스도인들, 곧 "예수에다 이러저러한 것을 덧붙이는" 그리스도인들을 위해 쓴 편지다. 이 편지에 묘사된 그들은 예수와 천사를 연결하고, 예수와 모세를 연결하고, 예수와 제사장을 연결한다. 오늘날로 말하면, 예수와 정치를 연결하고, 예수와 교육을 연결하고, 예수와 부처를 연결하는 사람들일 것이다. 이 편지는 그렇게 덧붙여진 것들을 전부 제거해 버린다. 저자는 우리에게 "그분에 관한 최신 이론에 이끌려 그분을 떠나는 일이 없게 하십시오. 그리스도의 은혜만이 우리의 삶을 떠받치는 유일하고 충분한 기초입니다. 그리스도의 이름을 붙인 온갖 상품은 별 도움이 되지 않습니다"라고 말한다(히 13:9). 그러면서 "오직 예수만 바라보십시오. 그분은 우리가 참여한 이 경주를 시작하고 완주하신 분이십니다"라고 권면한다(히 12:2). 그 결과, 예수 안에서 하나님이 행하신 일이 다시 명료하고 또렷하게 드러난다. 그때 우리는 다시 한번 믿음을 실천할 자유를 얻는다. 믿음을 실천할 때에야 비로소, 우리는 그 길을 가로막는 자가 아니라 그 길을 걷는 자가 된다.

히브리서

1 ¹⁻³ 하나님께서는 지난 수백 년 동안 수많은 예언자들을 통해, 여러 가지 방법으로 우리 조상들에게 말씀하셨습니다. 그러나 최근에는 아들을 통해 우리에게 직접 말씀하셨습니다. 태초에 하나님께서 이 아들을 통해 세상을 창조하셨고, 이 세상은 마지막 날에 아들의 소유가 될 것입니다. 이 아들은 거울처럼 완벽하게 하나님을 비추시는 분이며, 그분께는 하나님의 본성이 도장처럼 찍혀 있습니다. 아들은 자신의 말, 곧 능력 있는 말씀으로 만물을 조화롭게 유지하시는 분입니다!

천사보다 높으신 분

³⁻⁶ 그 아들은 죄를 해결하기 위한 희생 제사를 마치신 뒤에,

하늘 높이 계신 하나님 오른편 영광의 자리에 앉으셔서, 그
어떤 천사보다도 높은 서열과 통치권을 받으셨습니다. 하나
님께서 어느 천사에게 "너는 내 아들이다. 오늘 내가 너를
축복한다"고 하시거나, "나는 그의 아버지이며, 그는 내 아
들이다"라고 말씀하신 적이 있습니까? 하나님은 영광스러
운 자기 아들을 세상에 주시면서 "모든 천사는 그에게 경배
하여라" 하고 말씀하셨습니다.

7 천사들에 대해서는 성경에 이렇게 말했습니다.

> 그 심부름꾼들은 바람,
> 그 시종들은 타오르는 불꽃이다.

8-9 그러나 아들에 대해서는 성경에 이렇게 말했습니다.

> 당신은 하나님, 영원토록 보좌에 앉아 계신 분.
> 당신의 통치는 모든 것을 바로잡습니다.
> 당신은 만물이 바른 자리에 있는 것을 기뻐하시고,
> 그릇된 자리에 있는 것을 싫어하십니다.
> 바로 그런 이유로 하나님, 곧 당신의 하나님께서
> 당신의 머리에 향기로운 기름을 부으시고
> 당신을 왕으로 삼으셔서,
> 당신의 귀한 동료들보다 훨씬 뛰어나게 하셨습니다.

¹⁰⁻¹² 또한 아들에 대해 이런 말씀도 있습니다.

이 모든 일을 시작하신 주님,
당신께서 땅의 기초를 놓으시고
하늘의 별들을 지으셨습니다.
땅과 하늘은 닳아 없어져도, 당신은 그대로이십니다.
오래된 옷처럼 닳아서 헤어져 버릴 그것들을,
당신은 낡은 옷을 치우듯
폐기처분하실 것입니다.
그러나 당신은 세월이 흘러도 한결같으시니
빛이 바래거나 닳아 없어지지 않을 것입니다.

¹³ 하나님께서 천사 가운데 어느 누구에게 이렇게 말씀하신 적이 있습니까?

내가 네 원수들을 네 발판으로 삼을 때까지
너는 여기 내 보좌 옆에 앉아 있어라.

¹⁴ 모든 천사는, 구원을 받기 위해 예비된 사람들을 도우라고 보냄받은 존재들이라는 사실이 분명하지 않습니까?

2

¹⁻⁴ 우리는 이미 들은 메시지를 굳게 붙잡아, 떠내려 가는 일이 없어야 하겠습니다. 지난날에 천사들을 통해 전한 메시지가 유효해서 아무도 그것을 피해 갈 수 없었는데, 하물며 최근에 우리가 받은 이토록 장엄한 구원의 메시지를 어떻게 소홀히 할 수 있겠습니까? 이 구원의 메시지는 가장 먼저 주님이 직접 전해 주셨고, 그 다음은 주님께 들은 이들이 우리에게 정확히 전해 주었습니다. 하나님께서도 성령을 통해 여러 은사, 곧 모든 표적과 기적을 자기 뜻에 따라 주심으로 이 구원의 메시지를 확증해 주셨습니다.

구원의 개척자이신 예수

⁵⁻⁹ 하나님께서는 지금 우리가 감당하고 있는 이 구원의 일을 천사들의 손에 맡기지 않으셨습니다. 성경에 이렇게 기록되었습니다.

> 사람이 무엇이기에 그들을 걱정하시며
> 그들의 길을 거듭 살피십니까?
> 그들을 천사보다 조금 못하게 지으시고
> 에덴의 새벽빛으로 빛나게 하셨습니다.
> 당신께서 손수 지으신 온 세상을
> 그들에게 맡기셨습니다.

하나님께서는 모든 것을 하나도 빠짐없이 사람들의 손에 맡기셨습니다. 그러나 우리가 보기에는, 아직도 만물이 사람의 관할 아래 있지 않습니다. 우리가 보는 것은, "천사보다 조금 못하게 지어져서" 죽음을 경험하시고, 천사보다 더 높은 곳에 앉으셔서 "에덴의 새벽빛으로 빛나는" 영광의 관을 쓰신 예수입니다. 이 죽음을 통해 그분은, 하나님의 은혜로 모든 사람을 대신하는 죽음을 온전히 겪으셨습니다.

10-13 만물을 처음 움직이게 하셨고 지금도 그 만물을 붙들고 계신 하나님께서, 구원의 개척자이신 예수를 고난을 통해 완전케 하시고, 그로써 자신의 일을 완성하시며 모든 사람을 영광으로 이끄시는 것은 너무도 그분다운 일입니다. 구원하는 분과 구원받는 이들이 같은 근원에서 나왔으므로, 이제 예수께서는 조금도 주저함 없이 그들을 가족으로 대하시며, 이렇게 말씀하십니다.

당신에 대해 알고 있는 모든 것을 나의 소중한 친구인 형제자매들에게 알리고,
함께 당신을 경배하고 찬양하겠습니다.

다음 말씀도 자신을 그들과 한가족으로 여기신다는 뜻입니다.

나도 하나님을 신뢰함으로 살아갑니다.

또한 이렇게 말씀하셨습니다.

하나님께서 내게 주신 자녀들과 함께 내가 여기 있습니다.

14-15 자녀들이 살과 피로 된 존재이니, 그들을 구하기 위해 구주께서 살과 피를 입고 죽으신 것입니다. 그분은 죽음을 껴안고 자기 안에 받아들이셔서, 죽음을 지배하는 마귀를 멸하시고, 죽도록 죽음을 무서워하며 평생을 위축되어 살아가는 모든 사람을 풀어 주셨습니다.

16-18 그분께서 이 모든 고난을 겪으신 것은, 천사들을 위한 것이 아니라 우리 같은 사람들, 곧 아브라함의 자손을 위한 것이 분명합니다. 그렇기 때문에, 그분은 모든 면에서 인간의 삶에 들어오셔야만 했습니다. 그분은 사람들의 죄를 없애는 대제사장으로 하나님 앞에 서실 때, 이미 모든 고난과 시험을 몸소 겪으셨습니다. 그러므로 그분은 도움이 필요한 곳에 도움을 베푸실 수 있습니다.

우리 믿음의 중심이신 분

3 1-6 그러므로, 사랑하는 그리스도인 친구 여러분, 높은 곳을 향한 부르심을 따라 사는 동료 여러분, 예수를 진지하고 주의 깊게 바라보십시오. 그분은 우리 믿음의 중심이시며, 하나님이 맡기신 모든 일에 성실하신 분이십니다. 모세도 성실했지만, 예수는 더 큰 영광을 받아 마땅한 분이십니다. 언제나 건축자가 건물보다 귀합니다. 어느 집이든지 그 집을 지은 이가 있습니다. 그러나 그 모든 것의

배후에 계신 건축자는 하나님이십니다. 모세는 하나님의 집에서 성실하게 일했습니다. 하지만 그 일은 장차 이루어질 일을 준비하는 종의 신분으로 한 일입니다. 그리스도는 아들로서 그 집을 맡고 계십니다.

6-11 이제 우리가 이 담대한 확신을 굳게 붙들면, 우리가 바로 그 집입니다! 그러므로 성령께서 이렇게 말씀하셨습니다.

오늘 너희는 귀 기울여 들어라.
광야에서 시험받던 때,
"쓰디쓴 반역"의 때처럼 못 들은 체하지 마라!
너희 조상들은 내가 하는 일을 사십 년 동안 지켜보고도
나의 방식을 거절하고
나의 인내심을 거듭거듭 시험했다.
나는 진노했다. 더 이상 참을 수 없어서 말했다!
"그들은 한시도 하나님을 마음에 두지도 않고
나의 길을 따라 걷지도 않는다."
나는 노하여 맹세하며 말했다.
"그들은 가고자 하는 곳에 이르지 못하며
결코 안식하지 못할 것이다."

12-14 그러니 친구 여러분, 조심하십시오. 믿지 않는 악한 마음으로 빈둥거리지 마십시오. 그런 일은 여러분을 넘어뜨리고 곁길로 빠뜨려서, 살아 계신 하나님으로부터 멀어지게

합니다. 하나님께서 주신 오늘이라는 시간 동안 서로 주의하여, 죄로 인해 여러분의 대응 능력이 떨어지지 않도록 하십시오. 처음 시작할 때 붙든 확신을 마지막까지 굳게 붙들면, 마침내 우리는 그리스도와 함께하는 사람들이 될 것입니다.

다음과 같은 말씀이 우리 귀에 쟁쟁히 들려옵니다.

오늘 너희는 귀 기울여 들어라.
"쓰디쓴 반역"의 때처럼 못 들은 체하지 마라.

15-19 귀를 막은 자들이 누구였습니까? 모세가 이집트에서 이끌어 낸 자들이 아니었습니까? 하나님께서 사십 년 동안 누구에게 노하셨습니까? 귀를 막고 듣지 않다가 광야의 시체로 생을 마감한 자들이 아니었습니까? 하나님께서 그들이 가고자 하는 곳에 이르지 못하게 하겠다고 맹세하신 것은, 그렇게 귀를 막고 듣지 않은 자들을 두고 하신 말씀이 아니었습니까? 그들이 가고자 하는 곳에 이르지 못한 것은, 그들이 전혀 듣지도 않고 믿지도 않았기 때문입니다.

믿음으로 약속을 받아들일 때

4 1-3 그러므로 하나님 안에서 안식을 주겠다고 하신 그 약속이 우리를 이끌어서 그분이 세우신 목표로 데려가는 동안, 우리 중에 자격을 잃는 사람이 없도록 조심

하십시오. 우리가 받은 약속과 광야에 있던 그들이 받은 약속은 똑같은 것입니다. 그러나 그 약속이 그들에게 조금도 유익이 되지 못한 것은, 그들이 그 약속을 믿음으로 받아들이지 않았기 때문입니다. 하지만 그 약속을 믿는 우리는 안식을 경험할 것입니다. 이것은 믿음 없이는 되지 않습니다. 하나님께서 하신 말씀을 기억하십시오.

　나는 노하여 맹세하며 말했다.
　"그들은 가고자 하는 곳에 이르지 못하며
　결코 안식하지 못할 것이다."

3-7 하나님께서는 창세전에 이미 하실 일을 다 마치셨음에도, 이런 맹세를 하신 것입니다. 성경에 "하나님께서 자기 일을 다 마치시고 일곱째 날에 쉬셨다"고 했으나, 다른 구절에는 "그들은 결코 안식하지 못할 것이다"라고 했습니다. 이 약속은 아직 성취된 것이 아닙니다. 먼저 들은 자들이 안식처에 들어가지 못한 것은 순종하지 않았기 때문입니다. 하나님은 "오늘"로 날짜를 조정하시며 끊임없이 약속을 갱신해 주십니다. 이것은 처음 초대장을 보내시고 나서 수백 년이 지난 후에, 다윗의 시편을 통해 하신 말씀과 같습니다.

　오늘 너희는 귀 기울여 들어라.
　……귀를 막지 마라.

8-11 그러므로 이 약속은 아직 살아 있습니다. 이 약속은 여호수아 시대에도 파기되지 않았습니다. 만일 파기되었다면, 하나님께서 약속 일자를 "오늘"로 갱신하지 않으실 것입니다. 하나님의 백성에게는 "도착"과 "안식"의 약속이 아직 남아 있습니다. 하나님께서 지금 안식하고 계십니다. 이 여정을 마치는 날, 우리도 하나님과 더불어 틀림없이 안식할 것입니다. 그러니 계속 힘을 내서 마침내 안식처에 도착하도록 하십시오. 순종하지 않다가 떨어져 나가는 일이 없어야 합니다.

12-13 하나님께서는 말씀하신 것을 반드시 지키시는 분입니다. 그분의 말씀은 이루어집니다. 그분의 능력 있는 말씀은 수술용 메스처럼 날카로워서, 의심이든 변명이든 무엇이나 갈라내고, 우리 마음을 열어서 귀 기울여 듣고 순종하게 합니다. 하나님의 말씀이 꿰뚫지 못할 것은 아무것도 없습니다. 아무리 발버둥 쳐도 우리는 하나님의 말씀에서 달아날 수 없습니다.

고통 가운데 부르짖으신 대제사장

14-16 이제 우리에게는, 하나님께 자유롭게 나아갈 수 있는 위대한 대제사장 예수가 계십니다. 그러니 그분을 놓치는 일이 없어야 하겠습니다. 그분은 우리의 현실에 무관심한 제사장이 아니십니다. 그분은 연약함과 시험, 온갖 고난을 다 겪으셨지만, 죄는 짓지 않으셨습니다. 그러니 곧장 그분

께로 나아가, 그분이 기꺼이 주시려는 것을 받으십시오. 자비를 입고 도움을 받으십시오.

5

1-3 하나님 앞에서 사람들을 대표하고, 그들의 죄를 위해 희생 제사를 드리도록 선택된 대제사장이라면, 분명 사람들의 약점을 너그러이 대할 수 있을 것입니다. 그 약점이 어떤 것인지 바로 자기 경험을 통해 알기 때문입니다. 그러나 이것은, 그가 사람들의 죄뿐 아니라 자기 죄를 위해서도 제사를 드려야 한다는 것을 의미합니다.

4-6 이 영광의 자리는 사람이 스스로를 세워서 얻을 수 있는 것이 아닙니다. 아론과 같이 하나님의 부르심을 받아서 얻는 것입니다. 그리스도께서도 스스로를 세워 대제사장이 되신 것이 아니라, "너는 내 아들이다. 오늘 내가 너를 기뻐한다!"고 말씀하신 하나님께서 따로 세워 주셔서 되신 것입니다. 다른 곳에서도 하나님께서는 "너는 멜기세덱의 반열에 따른 영원한 제사장이다"라고 선포하셨습니다.

7-10 예수께서 이 땅에 계실 때 자신이 죽을 것을 미리 아시고, 고통 가운데 부르짖으시고, 슬픔의 눈물을 흘리시며, 하나님께 제사장의 기도를 드리셨습니다. 그분이 하나님을 높이시는 것을 보시고, 하나님도 그분께 응답하셨습니다. 그분은 하나님의 아들이셨지만, 우리와 마찬가지로 고난을 받으심으로 신뢰와 순종을 배우셨습니다. 이처럼 완전한 성숙

의 상태에 이르시고, 또한 하나님께 멜기세덱의 반열에 따른 대제사장으로 임명되심으로, 그분은 믿음으로 순종하는 모든 이들에게 영원한 구원의 근원이 되셨습니다.

그리스도 안에서 자라 가십시오

11-14 멜기세덱에 관해서는 할 말이 많지만, 여러분의 귀 기울여 듣지 않는 나쁜 습관 때문에 여러분을 이해시키기가 어렵습니다. 지금쯤 여러분은 선생이 되어 있어야 마땅한데도, 내가 보기에 여러분은 하나님에 관해 기본부터 다시 가르쳐 줄 사람이 필요한 것 같습니다. 오래전에 단단한 음식을 먹었어야 했건만, 여러분은 아직도 아기처럼 젖을 빨아야 할 형편입니다! 젖은 하나님의 방식에 미숙한 초보자들이 먹는 것입니다. 성숙한 사람들은 단단한 음식을 먹습니다. 그들은 경험으로 옳고 그른 것을 분별할 줄 아는 사람들입니다.

6 1-3 그러므로 유치원생 수준으로 그리스도를 그리는 데서 벗어나, 멋진 작품을 만드십시오. 그리스도 안에서 무럭무럭 자라 가십시오. 그 기초가 되는 진리는, 자기 힘으로 구원받으려는 노력을 버리고 하나님께 돌아서서 그분을 신뢰하는 것과, 세례에 관한 가르침과, 안수와, 죽은 자의 부활과, 영원한 심판입니다. 하나님께서 도와주시면,

우리는 이 모든 진리를 충실하게 붙들 수 있을 것입니다. 그러나 그 이상의 것이 있습니다. 그러니 계속 나아가십시오! 4-8 한때 빛을 보고 하늘을 맛보고 성령의 역사에 참여하고 하나님의 선하신 말씀과 우리 안으로 돌파해 들어오는 능력을 경험한 자들이, 등을 돌려 그 모든 것과 관계를 끊어 버렸다면, 그들은 아무 일 없었다는 듯이 처음부터 다시 시작할 수는 없습니다. 그것은 불가능한 일입니다. 그들이 예수를 다시 십자가에 못 박고, 공개적으로 부인한 것이기 때문입니다! 바싹 마른 땅이라도 비를 흠뻑 빨아들여서 농사짓는 사람에게 풍성한 곡식을 내면, 하나님께 "잘했다!"는 칭찬을 듣습니다. 그러나 잡초와 엉겅퀴를 내는 땅은 저주를 받습니다. 그 땅은 불에 타서 수확할 것이 없습니다.

9-12 친구 여러분, 나는 그런 일이 여러분에게 일어나지 않으리라고 확신합니다. 나는 여러분이 구원의 여정에서 이룬 더 나은 것이 있다는 것을 생각하게 됩니다! 하나님께서는 어느 것 하나 잊으시는 법이 없습니다. 하나님께서는 여러분이 가난한 그리스도인들을 도우면서 보여준 사랑을 너무도 잘 알고 계시며, 여러분이 그 일을 계속하고 있다는 것도 잘 알고 계십니다. 이제 내가 바라는 것은, 여러분 각자가 튼실한 소망을 향해 동일한 열정을 펼쳐서, 마지막까지 그 소망을 유지하는 것입니다. 꾸물거리지 마십시오. 헌신적인 믿음으로 끝까지 달려가서, 마침내 약속받은 것을 전부 얻는 사람이 되십시오.

변치 않는 하나님의 약속

13-18 하나님께서는 아브라함에게 약속하실 때, 자신의 명예를 걸고 분명하게 약속하셨습니다. 하나님께서는 "내가 약속한다. 내가 가진 모든 것으로 너에게 복을 주겠다. 복을 주고, 복을 주고, 또 복을 주겠다!"고 말씀하셨습니다. 아브라함은 참고 견딘 끝에 약속받은 것을 전부 받았습니다. 사람들은 약속할 때 자기보다 위에 있는 권위에 호소하여 약속을 보증합니다. 약속을 이행하기로 한 당사자들 사이에 문제가 생길 때, 그 권위로 약속을 뒷받침하려는 것입니다. 하나님께서도 자신의 약속을 보증하기 원하셨고, 결국 바위처럼 단단하여 깨지지 않는 자신의 말씀으로 보증해 주셨습니다. 하나님께서는 자신의 말씀을 어기실 수 없기 때문입니다. 그분의 말씀은 변치 않으며, 그분의 약속도 변치 않습니다.

18-20 하나님께 인생을 건 우리는, 약속받은 소망을 두 손으로 붙잡고 놓지 말아야 할 이유가 충분합니다. 그 소망은 끊어지지 않는 영적 생명줄 같아서, 모든 상황을 뛰어넘어 곧바로 하나님 앞에까지 이릅니다. 그곳에는 우리보다 앞서 달려가신 예수께서, 멜기세덱의 반열에 따라 우리를 위한 영원한 대제사장직을 맡고 계십니다.

하나님의 제사장 멜기세덱

7 ¹⁻³ 멜기세덱은 살렘의 왕이며 지극히 높으신 하나님의 제사장이었습니다. 그는 여러 왕을 무찌르고 돌아오는 아브라함을 만나서 축복했습니다. 아브라함은 답례로 전리품의 십분의 일을 그에게 바쳤습니다. 멜기세덱은 '의의 왕'을 뜻합니다. 살렘은 '평화'를 뜻합니다. 그러므로 그는 평화의 왕이기도 합니다. 멜기세덱은 먼 과거로부터 우뚝 솟은 존재로서, 족보도 없고 시작도 없고 끝도 없습니다. 이처럼 그는 하나님의 아들과 같아서, 언제나 다스리는 위대한 제사장으로 있습니다.

⁴⁻⁷ 조상 아브라함이 전리품의 십분의 일을 멜기세덱에게 바친 것을 보면, 그가 얼마나 위대한지 여러분도 알 수 있을 것입니다. 레위 자손 가운데 제사장들은 백성으로부터 십일조를 거두도록 율법에 규정되어 있습니다. 제사장과 백성 모두가 아브라함을 한 조상으로 둔 동족인데도 그렇습니다. 그러나 멜기세덱은 완전히 외부인인데도 아브라함에게서 십분의 일을 받았고, 약속을 받은 사람인 아브라함을 축복했습니다. 축복은 아랫사람이 윗사람에게 받는 법입니다.

⁸⁻¹⁰ 이렇게 볼 수도 있습니다. 우리는 죽을 수밖에 없는 제사장들에게 십분의 일을 바치지만, 아브라함은 성경에 "살아 있다"고 기록된 제사장에게 십분의 일을 바친 것입니다. 궁극적으로는 이렇게 말할 수 있습니다. 레위는 멜기세덱에게 십분의 일을 바친 아브라함의 자손입니다. 그러니 우리

가 레위 지파의 제사장에게 십분의 일을 바치는 것은, 결국 멜기세덱에게 바치는 것이나 마찬가지입니다.

영원한 제사장이신 예수

11-14 율법을 받을 때 바탕이 되었던 레위와 아론의 제사장직이 백성을 완전하게 할 수 있었다면, 멜기세덱의 제사장직과 같은 제사장직이 생겨날 필요가 없었을 것입니다. 그러나 레위와 아론의 제사장직이 직무를 제대로 마무리하지 못했기 때문에 제사장직에 변화가 일어났고, 그로 인해 근본적으로 새로운 법이 생기게 되었습니다. 옛 레위의 제사장직으로는 이 사실을 이해할 길이 없습니다. 예수의 족보에 그분과 레위의 제사장직을 연결할 만한 근거가 없는 것은 그 때문입니다.

15-19 그러나 멜기세덱 이야기에서 다음과 같이 완벽한 설명을 얻을 수 있습니다. 멜기세덱과 같은 제사장 예수께서는 혈통의 계보를 따라서가 아니라, 순전히 부활 생명의 힘으로—그분은 살아 계십니다!—"멜기세덱의 반열에 따른 영원한 제사장"이 되셨습니다. 이전의 방식, 곧 율법 제도는 기대했던 것만큼 효력을 내지 못해 폐기되고 말았습니다. 율법은 아무것도 성숙에 이르게 하지 못했습니다. 그러나 이제 효력이 분명한, 우리를 하나님의 임재 속으로 곧바로 데려다 주는 또 다른 길이 그 자리를 대신했습니다. 그 길은 다름 아닌 예수이십니다!

20-22 옛 아론의 제사장직은, 하나님의 명시적인 확증 없이도 자동적으로 아버지에게서 아들로 계승되었습니다. 그러나 하나님이 개입하셔서, 새롭고 영원한 제사장직을 제정하시고 다음과 같은 약속을 덧붙이셨습니다.

　하나님께서 약속하셨으니
　그 약속을 철회하지 않으실 것이다.
　"너는 영원한 제사장이다."

이처럼 예수께서는 우리와 하나님 사이에 더 나은 방식, 실제로 효력 있는 방식을 보증하는 분이 되셨습니다! 이것이 다름 아닌 새 언약입니다.

23-25 전에 제사장이 많았던 것은, 한 사람이 죽으면 다른 이가 대신해야 했기 때문입니다. 그러나 예수의 제사장직은 영원합니다. 그분은 지금부터 영원까지 제사장으로 계시면서, 자기를 통해 하나님께 나아오는 모든 사람을 구원하시고 언제나 그들 편에서 말씀해 주십니다.

26-28 이제 우리에게는 우리의 필요에 완벽하게 들어맞는 한 분 대제사장이 계십니다. 그분은 온전히 거룩하시고 죄가 전혀 없으시며, 그 권세가 하늘 높이 하나님 계신 곳까지 이릅니다. 그분은 다른 대제사장들과 같지 않으셔서, 우리와 우리 죄를 위한 희생 제물을 드리기 전에 매일같이 자기 죄를 위해 희생 제물을 드릴 필요가 없으십니다. 그분께서 자

기 몸을 희생 제물로 드리심으로, 영단번에 그 일을 완성하셨기 때문입니다. 율법은 일을 제대로 해내지 못하는 사람들을 어쩔 수 없이 대제사장으로 세웁니다. 그러나 하나님이 개입하셔서 율법 다음으로 주신 명령은, 영원토록 완전하신 아들을 대제사장으로 세웁니다.

새 언약

8 ¹⁻² 요점을 말하면 이렇습니다. 우리에게는 이와 같은 대제사장이 계십니다. 그분은 하나님 오른편에 권위 있게 앉으셔서, 하나님께서 세우신 단 하나의 참 성소에서 예배를 주관하십니다.

³⁻⁵ 대제사장에게 맡겨진 임무는 예물과 제물을 바치는 일입니다. 그것은 예수의 제사장직도 마찬가지입니다. 만일 그분께서 땅에 매여 계신 분이라면 제사장조차 되지 못하실 것입니다. 율법에 명시된 예물을 바치는 제사장이라면 이미 많이 있어서 그분을 필요로 하지 않을 것입니다. 이 땅의 제사장들은, 하늘에 있는 참 성소에서 무슨 일이 일어나는지를 보여주는 단서에 지나지 않습니다. 모세가 하늘에 있는 참 성소를 언뜻 보고 장막을 지으려고 할 때, 하나님께서 이렇게 말씀하셨습니다. "너는 산에서 본 모습 그대로 주의해서 짓도록 하여라."

⁶⁻¹³ 그러나 예수께서 맡으신 제사장 직무는 다른 제사장들이 맡은 직무보다 훨씬 뛰어납니다. 그것은 그분께서 더 나

은 계획에 따라 일하시기 때문입니다. 만일 첫 번째 계획인
옛 언약이 효력이 있었다면, 두 번째 계획은 필요하지 않았
을 것입니다. 그러나 우리가 아는 것처럼, 첫 번째 계획에
결함이 있었으므로 하나님께서 이렇게 말씀하셨습니다.

조심하여라! 그날이 오고 있다.
그날에 내가 이스라엘과 유다를 위한
새 계획을 세울 것이다.
내가 그 조상들의 손을 잡고
이집트에서 인도해 나올 때
그들과 세웠던 옛 계획은 내버릴 것이다.
그들이 계약을 지키지 않아
내가 그들에게서 고개를 돌려 버렸다.
내가 이스라엘과 세우려는 새 계획은
종이에 쓸 수도 없고
돌에 새길 수도 없는 것이다.
이번에는 내가 그 계획을 그들 속에 써 주고
그들 마음에 새겨 줄 것이다.
나는 그들의 하나님이 되고
그들은 내 백성이 될 것이다.
나를 알기 위해 학교에 다니거나
'하나님에 관한 다섯 가지 쉬운 가르침' 같은 책을 사 보지
않을 것이다.

작은 자나 큰 자나, 낮은 자나 높은 자나
모두가 나를 직접 알게 될 것이다.
그들의 죄가 영원토록 깨끗이 씻겨지고,
너그럽게 용서받음으로 나를 알게 될 것이다.

하나님께서는 자기와 자기 백성 사이에 새 계획, 새 언약을
세우심으로 옛 계획을 폐기처분하셨습니다. 이제 옛 계획에
는 먼지만 쌓이고 있습니다.

가시적 비유인 성소

9 1-5 첫 번째 계획에는 예배를 위한 지침과 특별히 고
안된 예배 장소가 있었습니다. 바깥을 두르는 큰 장
막을 세우고, 그 안에 등잔대와 상과 하나님께 드리는 빵을
두었는데, 이곳을 성소라고 했습니다. 그런 다음 휘장을 치
고 그 뒤에 작은 내부 장막을 세웠는데, 이곳을 지성소라고
했습니다. 거기에는 금으로 만든 분향 제단과 금을 입힌 언
약궤가 놓여 있었고, 언약궤 안에는 만나를 담은 금항아리
와 아론의 싹 난 지팡이와 언약의 두 돌판이 있었고, 천사가
날개로 덮는 모양의 속죄소가 언약궤를 덮고 있었습니다.
하지만 지금은 이것들에 대해 이야기할 시간이 없습니다.
6-10 이런 것이 갖춰진 뒤에, 제사장들이 큰 장막에 들어가
직무를 수행했습니다. 작은 내부 장막에는 대제사장만이 일
년에 한 번 들어가서, 자기 죄와 백성의 누적된 죄를 위해

피를 제물로 드렸습니다. 이것은 큰 장막이 서 있는 동안에
는, 백성이 하나님께로 걸어 들어갈 수 없음을 성령께서 시
각적 비유로 보여주신 것입니다. 이 제도 아래서 드려진 예
물과 제물은 예식과 행위의 문제에 해당할 뿐 문제의 핵심
에는 다가가지 못합니다. 백성의 양심을 만족시켜 주지 못
합니다. 본질적으로 이 제도는 철저히 재정비될 때까지 한
시적으로 차용된 제도일 뿐입니다.

하늘의 실체를 가리키는 단서

11-15 그러나 메시아께서 뛰어난 새 언약의 대제사장으로 오
셔서, 이 창조세계에 있는 옛 장막과 그 부속물을 지나가고,
하늘에 있는 "장막"인 참 성소로 영단번에 들어가셨습니다.
또한 그분은 염소와 송아지의 피로 드리는 제물 대신에 자
신의 피로 값을 치르심으로, 영단번에 우리를 자유케 하셨
습니다. 동물의 피와 정결예식도 우리의 신앙과 행위를 실
제로 깨끗하게 해준다면, 하물며 그리스도의 피는 우리의
삶 전체를 안팎으로 얼마나 더 깨끗하게 해줄지 생각해 보
십시오. 그리스도께서 성령을 힘입어 자기 몸을 흠 없는 제
물로 드리심으로, 스스로 훌륭해지려는 부질없는 수고에서
우리를 자유케 하셨습니다. 그리하여 우리는 전력을 다해
하나님을 위해 살 수 있게 되었습니다.

16-17 유언은 사람이 죽어야 그 효력이 발생합니다. 새 언약
도 예수께서 죽으심으로 효력이 발생했습니다. 그분의 죽

으심은 옛 계획에서 새 계획으로 바뀌었음을 나타내는 표지입니다. 이 죽음으로 인해 옛 의무 조항과 그에 따르는 죄가 폐지되었고, 상속인들은 자신들에게 약속된 영원한 유산을 받으라는 부름을 받았으며, 그분께서 이 새로운 방식으로 하나님과 그분의 백성을 화해시키셨습니다.

18-22 첫 번째 계획을 실행에 옮기는 데도 죽음이 필요했습니다. 모세는 율법 계획—하나님의 "유언"—의 조항들을 전부 낭독한 뒤에, 엄숙한 예식을 진행하며 제물로 바쳐진 동물의 피를 취해 언약 문서에 뿌리고, 그 언약의 수혜자인 백성에게도 뿌렸습니다. 그런 다음 "이것은 하나님께서 명하신 언약의 피입니다"라는 말로 그 효력을 확증했습니다. 그는 예배 장소와 그 안에 있는 모든 비품에도 똑같이 했습니다. 모세는 백성에게 "이것은 하나님께서 여러분과 세우신 언약의 피입니다"라고 말했습니다. 사실, 유언에 담긴 모든 내용의 효력은 죽음에 달려 있습니다. 죽음의 증거인 피가 우리의 전통 속에서, 특히 죄 용서와 관련해 그토록 자주 사용된 것은 이 때문입니다.

23-26 이것으로 하늘에 있는 실체를 가리키는 그 모든 부차적 의식에서, 피와 죽음이 왜 그토록 중요한 역할을 했는지 설명됩니다. 또한 지금, 더 이상 동물 제물이 쓸모없고 필요 없게 된 것도 설명됩니다. 그리스도께서는 이 땅에 있는 성소로 들어가신 것이 아닙니다. 그분은 참 성소로 들어가셔서, 우리 죄를 위한 희생 제물로 자기 몸을 하나님께 드리셨

습니다. 옛 계획 아래 있는 대제사장들은 해마다 동물의 피를 가지고 성소에 들어갔지만, 그리스도께서는 그러실 필요가 없습니다. 만일 해마다 성소에 들어가셔야 했다면, 그분은 역사가 진행되는 내내 되풀이해서 자기 몸을 드리셔야 했을 것입니다. 그러나 그분은 영단번에 자기 몸을 희생 제물로 드리셨습니다. 다른 모든 희생 제물을 대신해서 자기 몸을 드리심으로, 죄에 대한 최종 해결책을 내놓으신 것입니다.

27-28 누구나 한 번은 죽으며, 그 후에는 자기 삶의 결과와 마주해야 합니다. 그리스도의 죽으심도 단 한 번 일어난 사건이지만, 죄를 영원히 제거하는 희생 제물로 죽으신 것이었습니다. 그러므로 그분께서 다시 나타나실 때, 그분을 뵙기 원하는 이들이 맞게 될 결과는 다름 아닌 구원입니다.

예수의 희생

10 1-10 옛 계획은 새 계획 속에 담겨 있는 좋은 것들을 암시할 뿐입니다. 옛 "율법 계획"은 완전하지 못해서, 그것을 따르는 이들 또한 온전하게 해주지 못했습니다. 해마다 수많은 희생 제물이 드려졌지만, 그것은 완전한 해결책이 되지 못했습니다. 만일 그 제물이 해결책이 되었다면 예배자들은 기쁜 마음으로 자기 길을 갔을 것이고, 더 이상 죄에 끌려 다니지 않았을 것입니다. 그러나 죄의식이 없어지기는커녕, 동물 제물을 거듭해서 바칠수록 죄의식과 죄

책갑은 오히려 고조되었습니다. 황소와 염소의 피가 죄를 없앨 수 없다는 것이 너무도 분명합니다. 그리스도께서 선포하신 예언의 말씀은 이 점을 염두에 두고 하신 것입니다.

> 당신께서는 해마다 드리는 제물과 예물을 원치 않으십니다.
> 그래서 나를 위해 몸을 마련해 주셔서 희생 제물로 삼으셨습니다.
> 이제 당신이 기뻐하시는 것은
> 제단에서 피어오르는 향기와 연기가 아닙니다.
> 그래서 내가 말했습니다. "오 하나님, 당신의 책에 기록된 대로,
> 당신의 방법대로 행하기 위해 내가 왔습니다."

"당신께서는 제물과 예물을 원치 않으십니다"라고 말씀하실 때, 그리스도께서는 옛 계획에 따른 의식을 언급하신 것입니다. 또한 "당신의 방법대로 행하기 위해 내가 왔습니다"라고 말씀하실 때, 그분은 첫 번째 계획을 폐하시고 새 계획—하나님의 방법—을 세우신 것입니다. 예수께서 자기 몸을 영단번에 제물로 드리심으로, 우리는 하나님께 합당한 사람이 되었습니다.

11-18 각 제사장들이 날마다 제단에 나아가 일하고 해마다 똑같은 제물을 드리지만, 그런 것이 결코 죄 문제를 해결하지는 못합니다. 그러나 그리스도께서 제사장으로 죄를 위해

단 한 번 제물을 드리셨고, 그것으로 모든 것이 끝났습니다!
그런 후에 그분은 하나님 오른편에 앉으셔서, 원수들이 항
복하기를 기다리셨습니다. 그것은 완전하신 분이 불완전한
사람들을 온전케 하기 위해 드리신 완전한 제물이었습니다.
단 한 번 제물을 드리심으로, 그분은 정결 과정에 참여하는
모든 이들에게 필요한 모든 일을 완수하신 것입니다. 성령
께서도 이같이 증언해 주셨습니다.

> 내가 이스라엘과 세우려는 새 계획은
> 종이에 쓸 수도 없고
> 돌에 새길 수도 없는 것이다.
> 이번에는 "내가 그 계획을 그들 속에 써 주고
> 그들 마음에 새겨 줄 것이다."

그러고는 이렇게 결론지으셨습니다.

> 내가 그들의 죄를 영원토록 깨끗이 씻어 줄 것이다.

이제 죄가 영원토록 제거되었으니, 더 이상 죄 때문에 제물
을 드릴 필요가 없습니다.

확신을 가지고 나아가십시오

19-21 그러므로 친구 여러분, 이제 우리는 주저함 없이 곧바

로 하나님께로, 성소 안으로 나아갈 수 있습니다. 예수께서 자기를 희생해 흘리신 피로 그 길을 열어 주셨고, 하나님 앞에서 우리의 제사장이 되어 주셨습니다. 하나님 앞으로 나아가는 통로인 휘장은 다름 아닌 그분의 몸입니다.

22-25 그러니 확고한 믿음과, 우리가 하나님 앞에 온전히 드려질 만한 존재가 되었다는 확신을 가지고 하나님 앞에 나아가야 합니다. 우리를 앞으로 이끌어 주는 약속을 굳게 붙잡으십시오. 그분은 언제나 자기 말을 지키시는 분이십니다. 창의적으로 사랑을 권하고 도움의 손길을 펼치십시오. 어떤 이들처럼 함께 모여 예배하기를 피할 것이 아니라, 서로 격려하여 더욱 힘써 모이십시오. 중요한 그날이 다가오는 것을 볼수록 더욱 그리하십시오.

26-31 우리가 배우고 받았으며 이제 알고 있는 모든 진리를 버리거나 외면한다면, 그것은 그리스도의 희생을 거부하는 것이며, 우리는 혼자 힘으로 심판을 마주해야 할 것입니다. 그 심판은 맹렬할 것입니다! 모세의 율법을 어긴 자가 받은 벌은 육체의 죽음이었습니다. 하물며 하나님의 아들을 적대하고, 자기를 온전하게 해준 희생에 침을 뱉고, 가장 은혜로 우신 성령을 모욕하는 자에게는 어떤 일이 있겠습니까? 이것은 결코 가볍게 여길 문제가 아닙니다. 하나님께서는 우리에게 책임을 묻고 그 값을 치르게 하겠다고 경고하셨습니다. 그분은 아주 분명히 밝히셨습니다. "복수는 나의 것이다. 나는 어느 것 하나 그냥 넘어가지 않겠다"고 하셨고,

"하나님께서 자기 백성을 심판하실 것이다"라고 하셨습니다. 아무도 그냥 통과할 수 없는 것이 분명합니다.

32-39 여러분이 처음 그 복음의 빛을 보고 난 뒤에 어떻게 살았는지 기억하십니까? 그 시절은 고난의 시기였습니다! 여러분은 사람들 앞에서 박해와 모욕의 표적이었습니다. 어떤 때는 여러분이 표적이 되고, 어떤 때는 여러분의 벗들이 표적이 되었습니다. 여러분의 벗 가운데 몇이 감옥에 갇힐 때에도, 여러분은 끝까지 그들 곁을 지켰습니다. 박해하는 자들이 난입해 여러분의 소유를 빼앗을 때도, 여러분은 편한 얼굴로 그들이 하는 대로 내버려 두었습니다. 그들이 여러분의 진짜 보물을 어찌할 수 없다는 것을 알고 있었기 때문입니다. 그들의 어떤 행위도 여러분을 괴롭게 하거나 좌절시키지 못했습니다. 그러니 이제 와서 포기하지 마십시오. 그때 여러분은 확신에 차 있었습니다. 그 확신은 지금도 유효합니다! 하지만 약속을 이루려면 하나님의 계획을 붙잡고 끝까지 견뎌야 합니다.

이제 머지않아 그분이 오신다.
언제라도 모습을 드러내실 것이다.
하지만 나와 바른 관계에 있는 사람은, 그 변치 않는 신뢰로 인해 살 것이다.
도망치는 자는 내가 기뻐하지 않을 것이다.

우리는 중도에 포기하여 실패할 사람들이 아닙니다. 결코 아닙니다! 우리는 언제나 신뢰함으로 계속 살아남을 사람들입니다.

보이지 않는 것을 믿는 믿음

11 ¹⁻² 삶의 근본 사실은 이것입니다. 하나님을 신뢰하는 이 믿음이야말로, 삶을 가치 있게 하는 든든한 기초입니다. 믿음은 볼 수 없는 것을 볼 수 있게 하는 단서입니다. 우리 조상을 다른 사람들과 구별해 준 것이, 바로 이 믿음의 행위였습니다.

³ 믿음으로 우리는, 세상이 하나님의 말씀으로 존재하게 되었고, 보이는 것이 보이지 않는 것에 의해 창조되었음을 압니다.

⁴ 믿음의 행위로 아벨은, 가인보다 나은 제물을 하나님께 드렸습니다. 중요한 것은, 그가 드린 제물이 아니라 그의 믿음이었습니다. 하나님이 주목하시고 의롭다 인정해 주신 것은 다름 아닌 믿음이었습니다. 수많은 세월이 흘렀으나, 그 믿음은 여전히 우리의 눈을 사로잡습니다.

⁵⁻⁶ 믿음의 행위로 에녹은, 죽음을 완전히 건너뛰었습니다. "하나님이 그를 데려가셨기 때문에, 사람들이 아무리 눈을 씻고 찾아보아도 그를 찾을 수 없었습니다." 우리는 하나님께서 그를 데려가시기 전에 "그가 하나님을 기쁘시게 해드렸다"는 것을, 믿을 만한 증언으로 알고 있습니다. 믿음을

떠나서는 하나님을 기쁘시게 해드릴 수 없습니다. 왜 그렇습니까? 하나님께 나아가려는 사람은 하나님이 계시다는 것과, 하나님께서 자기를 찾는 이들에게 기꺼이 응답하신다는 것을 믿어야 하기 때문입니다.

7 믿음으로 노아는, 메마른 땅 한복판에 배를 지었습니다. 그는 하나님께서 보이지 않는 일에 대해 경고하셨을 때, 지시받은 대로 행동했습니다. 그 결과가 어떠했습니까? 그의 집안이 구원을 받았습니다. 그의 믿음의 행위가, 믿지 않는 악한 세계와 믿는 올바른 세계를 예리하게 구분 지었습니다. 그 결과로, 노아는 하나님과 친밀한 사이가 되었습니다.

8-10 믿음의 행위로 아브라함은, 장차 그의 본향이 될 미지의 땅으로 떠나라는 하나님의 부르심에 "예" 하고 응답했습니다. 떠나면서도 그는 자기가 어디로 가는지 몰랐습니다. 믿음의 행위로 그는, 자신에게 약속된 땅에서 살되 나그네처럼 장막을 치고 살았습니다. 이삭과 야곱도 같은 약속 아래서 살았습니다. 아브라함은 눈에 보이지 않지만, 실재하는 영원한 기초 위에 세워진 도성, 곧 하나님이 설계하시고 세우신 도성에 눈을 고정했던 것입니다.

11-12 믿음으로 사라는, 나이 들어 임신하지 못하는 몸이었음에도 아이를 가질 수 있었습니다. 약속하신 분께서 말씀대로 행하실 것을 믿었기 때문입니다. 그리하여 약해져서 죽은 것이나 다름없던 한 사람의 몸에서 셀 수 없을 만큼 많은 사람들이 난 것입니다.

❧

13-16 이 믿음의 사람들은, 약속된 것을 아직 손에 넣지 못했지만 믿음으로 살다가 죽었습니다. 어떻게 그럴 수 있었습니까? 그들은 약속된 것을 멀리서 바라보며 반겼고, 자신들이 이 세상에 잠시 머물다 가는 나그네임을 인정했습니다. 그들은 그렇게 살아감으로써, 자신들이 참된 본향을 찾고 있음을 분명히 밝힌 것입니다. 만일 그들이 전에 살던 나라를 그리워했다면, 언제라도 돌아갈 수 있었을 것입니다. 그러나 그들은 그보다 더 나은 나라, 곧 하늘나라를 갈망했습니다. 이제 여러분은 하나님께서 왜 그들을 자랑스러워하시며, 왜 그들을 위해 한 도성을 마련해 두셨는지를 이해할 수 있을 것입니다.

17-19 믿음으로 아브라함은, 시험을 받을 때 이삭을 하나님께 다시 올려 드렸습니다. 그는 약속으로 받은 자신의 외아들을, 얻을 때와 마찬가지로 믿음으로 돌려드렸습니다. 이 일은 그가 하나님으로부터 "네 후손들이 이삭에게서 나올 것이다"라고 하신 말씀을 들은 뒤에 한 일이었습니다. 아브라함은, 하나님이 원하시면 죽은 사람도 일으키실 수 있다고 생각했습니다. 어떤 의미에서 보면, 그 일은 아브라함이 이삭을 제단에서 산 채로 돌려받을 때 일어난 것입니다.

20 믿음의 행위로 이삭은, 미래를 내다보며 야곱과 에서를 축복했습니다.

²¹ 믿음의 행위로 야곱은, 죽기 직전에 요셉의 아들들을 차례대로 축복하면서, 자신의 복이 아니라 하나님의 복으로 축복하고, 지팡이에 의지해 서서 하나님을 경배했습니다.

²² 믿음의 행위로 요셉은, 죽어가면서 이스라엘 백성의 탈출을 예언하고 자기의 장례를 준비시켰습니다.

²³ 믿음의 행위로 모세의 부모는, 모세가 태어난 후 석 달 동안 아이를 숨겼습니다. 그들은 아이가 준수한 것을 보고, 왕의 법령에 용감히 맞섰습니다.

²⁴⁻²⁸ 믿음으로 모세는, 어른이 되어 이집트 왕실의 특권층이 되기를 거절했습니다. 그는 압제자들과 더불어 기회주의적이고 안락한 죄악된 삶을 누리기보다, 하나님의 백성과 더불어 고된 삶을 선택했습니다. 그는 메시아 진영에서 겪는 고난을 이집트에서 누리는 부귀보다 훨씬 값지게 여겼습니다. 그것은 그가 앞을 내다보며 장차 받을 상을 기대했기 때문입니다. 믿음의 행위로 그는, 왕의 맹목적인 분노에도 아랑곳하지 않고 이집트를 떠났습니다. 그는 보이지 않는 분께 눈을 고정하고 계속해서 나아갔습니다. 믿음의 행위로 그는, 유월절을 지키고 집집마다 유월절 피를 뿌려, 맏아들을 멸하는 이의 손이 그들에게 닿지 않게 했습니다.

²⁹ 믿음의 행위로 이스라엘은, 바짝 마른 땅을 걸어서 홍해를 건넜습니다. 이집트 사람들도 그렇게 하려다가 물에 빠져 죽었습니다.

³⁰ 믿음으로 이스라엘 사람들이 칠 일 동안 여리고 성벽을

돌자, 성벽이 무너져 내렸습니다.

³¹ 믿음의 행위로 여리고의 창녀 라합은, 정탐꾼들을 맞아들여, 하나님을 신뢰하지 않는 자들에게 닥칠 파멸을 면했습니다.

❧

³²⁻³⁸ 계속해서 더 열거하려면, 시간이 모자랄 것입니다. 훨씬 더 많은 이들이 있기 때문입니다. 기드온, 바락, 삼손, 입다, 다윗, 사무엘, 예언자들……. 믿음의 행위로 그들은 나라를 무너뜨리고, 정의를 실천하고, 약속된 것을 받았습니다. 그들은 사자와 불과 칼의 공격을 막아 냈고, 약점을 강점으로 바꾸었으며, 전쟁에서 이겨 외국 군대를 물리쳤습니다. 여자들은 죽었다가 다시 살아난 사랑하는 이들을 맞아들이기도 했습니다. 고문을 당하면서도 더 나은 부활을 사모한 나머지, 굴복하고 풀려 나가는 것을 거부한 이들도 있습니다. 어떤 이들은 학대와 채찍질을 기꺼이 받았고, 쇠사슬에 묶여 지하굴에 갇히기도 했습니다. 돌에 맞고, 톱으로 켜져 두 동강이 나고, 살해되어 싸늘한 시체가 된 이들의 이야기도 있습니다. 짐승 가죽을 두르고 집도 친구도 권력도 없이 세상을 떠돈 이들의 이야기도 있습니다. 세상은 그들을 받아들일 만한 곳이 되지 못했습니다! 그들은 이 혹독한 세상의 가장자리로 다니면서도, 최선을 다해 자기 길을 갔습니다.

³⁹⁻⁴⁰ 그들이 믿음으로 사는 삶의 본보기가 되기는 했지만,

그들 가운데 약속받은 것을 손에 잡은 사람은 한 사람도 없었습니다. 하나님께서는 우리를 위해 더 좋은 계획을 가지고 계셨습니다. 바로 그들의 믿음과 우리의 믿음이, 완전하고 온전한 하나의 믿음이 되게 하는 것입니다. 우리의 믿음 없이는, 믿음으로 산 그들의 삶도 온전해질 수 없습니다.

절대로 포기하지 마십시오

12 ¹⁻³ 길을 개척한 이 모든 사람들, 이 모든 노련한 믿음의 대가들이 우리를 응원하고 있다는 말이 무슨 뜻인지 알겠습니까? 그들이 열어 놓은 길을 따라 우리가 앞으로 나아가야 한다는 뜻입니다. 달려가십시오. 절대로 멈추지 마십시오! 영적으로 군살이 붙어도 안되고, 몸에 기생하는 죄가 있어서도 안됩니다. 오직 예수만 바라보십시오. 그분은 우리가 참여한 이 경주를 시작하고 완주하신 분이십니다. 그분이 어떻게 하셨는지 배우십시오. 그분은 앞에 있는 것, 곧 하나님 안에서 그리고 하나님과 함께 결승점을 지나는 기쁨에서 눈을 떼지 않으셨기에, 달려가는 길에서 무엇을 만나든, 심지어 십자가와 수치까지도 참으실 수 있었습니다. 이제 그분은 하나님의 오른편 영광의 자리에 앉아 계십니다. 여러분의 믿음이 시들해지거든, 그분 이야기를 하나하나 되새기고, 그분이 참아 내신 적대 행위의 긴 목록을 살펴보십시오. 그러면 여러분의 영혼에 새로운 힘이 힘차게 솟구칠 것입니다!

4-11 죄와 맞서 싸우는 이 전면전에서, 여러분보다 훨씬 심한 고난을 겪은 이들이 있습니다. 예수께서 피 흘리시기까지 겪으신 그 모든 고난은 말할 것도 없습니다! 그러니 낙심하지 마십시오. 여러분은 훌륭한 부모가 자녀를 어떻게 대하는지 잊었습니까? 하나님께서 여러분을 자녀로 여기신다는 것을 잊었습니까?

> 나의 사랑하는 자녀야,
> 하나님의 훈련을 가볍게 여기지 말고
> 그분의 훈련을 받을 때 낙심하지 마라.
> 그분은 사랑하는 자녀를 훈련하시고,
> 품에 안으신 자녀를 징계하신다.

하나님께서 여러분을 훈련하고 계십니다. 그러니 절대로 도중에 포기하지 마십시오. 하나님은 여러분을 사랑하는 자녀로 대하십니다. 여러분이 겪는 이 고난은 벌이 아니라, 자녀라면 당연히 겪게 마련인 훈련입니다. 무책임한 부모만이 자녀를 제멋대로 살게 내버려 둡니다. 하나님이 무책임한 분이시면 좋겠습니까? 우리가 부모를 존경하는 것은, 그들이 우리를 버릇없게 놔두지 않고 훈련하기 때문입니다. 그러니 우리가 참으로 살고자 한다면 하나님의 훈련을 받아들여야 하지 않겠습니까? 우리가 아이였을 때, 우리의 부모는 자기 생각에 최선으로 여기는 일을 우리에게 했습니다. 하

나님께서는 진정으로 우리에게 최선이 되는 일을 하고 계시
며, 우리를 훈련시켜 하나님의 거룩하심을 따라 최선을 다
해 살아가도록 하십니다. 당장은 훈련이 즐겁지 않으며, 본
성을 거스른다고 느껴집니다. 그러나 나중에는 틀림없이 좋
은 상으로 보답을 받습니다. 잘 훈련받은 사람만이 하나님
과의 관계에서 성숙한 열매를 얻기 때문입니다.

12-13 그러니 수수방관하며 빈둥거리지 마십시오! 꾸물거리
지도 마십시오. 먼 길을 달려갈 수 있게 길을 정비하십시오.
그래야 발을 헛디뎌 넘어지거나 구덩이에 빠져 발목을 삐는
사람이 없을 것입니다. 서로 도우십시오! 그리고 힘을 다해
달려가십시오!

14-17 서로 화목하게 지내고 하나님과 화평하게 지내도록 힘
쓰십시오. 그러지 않고서는 하나님을 결코 뵙지 못할 것입니
다. 아무도 하나님의 자비하신 은혜에서 떨어져 나가는
일이 없게 하십시오. 쓰디쓴 불평이 잡초처럼 자라고 있지
는 않은지 예리하게 살피십시오. 엉겅퀴 한두 포기가 뿌리
를 내리면, 순식간에 정원 전체를 망칠 수도 있습니다. 에서
증후군을 조심하십시오. 잠깐 동안의 욕구 충족을 위해, 평
생 지속되는 하나님의 선물을 팔아넘기는 일은 없어야 합니
다. 여러분도 아는 것처럼, 에서는 나중에 자신의 충동적인
행동을 뼈저리게 후회하고 하나님의 복을 간절히 원했습니
다. 하지만 때는 이미 너무 늦어서, 아무리 울고불고해도 소
용이 없었습니다.

은혜의 말씀에 귀를 막은 자들에게 주는 경고

18-21 여러분은 조상들처럼, 화염이 솟구치고 지축이 흔들리는 시내 산에 나아가서 하나님의 말씀을 들은 것이 아닙니다. 여러분의 조상들은 천지를 울리고 영혼을 뒤흔드는 말씀을 듣고서, 벌벌 떨며 하나님께 멈추어 달라고 빌었습니다. 그들은 "짐승이라도 그 산에 닿으면 죽을 것이다"라고 하신 말씀을 듣고서, 어찌나 무서웠던지 꼼짝도 못했습니다. 모세도 두려워 떨었습니다.

22-24 그러나 여러분의 경험은 전혀 다릅니다. 여러분이 이른 곳은 시온 산, 곧 살아 계신 하나님이 머무르시는 도성입니다. 그 보이지 않는 예루살렘은 축제를 벌이는 수많은 천사들과 그리스도인 시민들로 북적대는 곳입니다. 그곳에서 하나님께서는 우리를 심판하시고, 그 심판은 우리를 의롭게 합니다. 여러분은 새 언약—새로 작성된 헌장—을 하나님께로부터 받아 우리에게 전해 주시는 예수께로 나아왔습니다. 그분은 이 언약의 중재자이십니다. 아벨이 당한 죽음은 복수를 호소하는 살인이지만, 예수가 당한 죽음은 은혜의 선포입니다.

25-27 그러니 이 은혜의 말씀에 귀를 막지 마십시오. 땅에서의 경고를 무시한 자들이 벌을 피할 수 없었는데, 하물며 우리가 하늘의 경고를 거역한다면 어떤 일이 일어나겠습니까? 그때에는 그분의 음성이 땅의 뿌리까지 흔들었지만, 이번에는 하늘까지 흔드시겠다고 분명히 말씀하셨습니다.

"마지막으로 한 번 더 하늘 끝에서부터 땅 끝까지 철저하게 흔들겠다." "마지막으로 한 번 더"라는 표현은 철저하게 정리하시겠다는 의미입니다. 역사와 종교의 온갖 쓰레기를 치우시겠다는 것입니다. 그것은 흔들리지 않는 본질적인 것들을 말끔히 정돈된 모습으로 서 있게 하시려는 것입니다.

28-29 우리가 무엇을 받았는지 아시겠습니까? 흔들리지 않는 나라입니다! 우리가 얼마나 감사해야 하는지 아시겠습니까? 감사드릴 뿐 아니라, 하나님 앞에서 깊은 경외감이 넘치는 예배를 드려야 합니다. 하나님께서는 냉담한 방관자가 아니십니다. 그분은 적극적으로 정리하시고, 태워 버려야 할 것은 전부 불사르십니다. 모든 것이 깨끗해질 때까지, 그분은 결코 멈추지 않으실 것입니다. 하나님, 그분은 불이십니다!

하나님이 기뻐하시는 제사

13

1-4 서로 변함없이 사이좋게 지내고 사랑으로 화합하십시오. 식사나 잠자리를 구하는 이가 있으면, 기꺼운 마음으로 제공해 주십시오. 자기도 모르는 사이에 천사들을 환대한 이들이 있었습니다! 감옥에 갇힌 이들을 대할 때는, 여러분이 그들과 함께 감옥에 갇히기라도 한 것처럼 대하십시오. 학대를 당한 이들을 보거든, 그들에게 일어난 일이 여러분에게도 일어난 것처럼 대하십시오. 결혼을 소중히 여기고, 아내와 남편 사이에 이루어지는 성적 친

밀감을 거룩하게 지키십시오. 하나님은 일회성 섹스와 부정한 섹스를 금하십니다.

5-6 물질적인 것을 더 많이 얻으려는 데 사로잡히지 마십시오. 지금 가지고 있는 것으로 만족하십시오. 하나님께서는 "내가 너를 저버리지 않겠다. 너를 떠나지도 않고 버리지도 않겠다"고 하시며 우리에게 확신을 주셨습니다. 그러므로 우리는 담대한 마음으로 이렇게 말할 수 있습니다.

> 하나님께서 기꺼이 도우시니
> 내게 무슨 일이 닥쳐와도 두렵지 않다.
> 그 누가, 그 무엇이 나를 괴롭힐 수 있으랴?

7-8 여러분에게 하나님의 말씀을 전해 준 목회자들을 인정해 주십시오. 그들의 사는 모습을 눈여겨보고, 그들의 신실함과 진실함을 본받으십시오. 우리 모두는 언제나 한결같아야 합니다. 예수께서 변치 않는 분이시기 때문입니다. 어제나 오늘이나 내일이나, 그분은 한결같으십니다.

9 그분에 관한 최신 이론에 이끌려 그분을 떠나는 일이 없게 하십시오. 그리스도의 은혜만이 우리의 삶을 떠받치는 유일하고 충분한 기초입니다. 그리스도의 이름을 붙인 온갖 상품은 별 도움이 되지 않습니다.

10-12 하나님께서 자기 자신을 선물로 내어주시는 제단이, 안에서 횡령과 부정 이득을 일삼는 자들에 의해 오용되어서는

안됩니다. 옛 제도 아래서는, 짐승을 죽여 진 밖에서 그 몸
을 처리합니다. 그 후에 그 피를 안으로 가져와서, 죄를 위
한 제물로 제단에 바칩니다. 예수께서도 똑같은 일을 당하
셨습니다. 그분은 성문 밖에서 십자가에 못 박히셨습니다.
그분은 거기서 희생의 피를 쏟으셨고, 그 흘리신 피가 하나
님의 제단에 드려져 백성을 깨끗게 했습니다.

13-15 그러니 우리도 밖으로 나갑시다. 예수께서 계시는 그
곳, 중요한 일이 벌어지는 그곳으로 나갑시다. 특권을 누리
며 안에서 안주하는 사람이 되려고 하지 말고, 예수께서 받
으신 치욕을 우리도 짊어져야겠습니다. "안에서 안주하는
사람의 세상"은 우리가 있을 곳이 아닙니다. 우리는 장차 다
가올 도성을 간절히 찾고 있습니다. 우리는 예수와 함께 밖
에 있어야 합니다. 더 이상 짐승 피로 제사를 드릴 것이 아
니라, 예수의 이름으로, 우리 입술에서 나오는 찬양의 제사
를 하나님께 드립시다.

16 아무것도 당연하게 여기지 말고, 공동의 유익을 위해 일
할 때 게으르지 말며, 여러분이 가진 것을 다른 이들과 나누
십시오. 하나님께서는 이런 예배 행위를 특별히 기뻐하십니
다. 그것은 부엌과 일터와 길거리에서 이루어지는 다른 종
류의 "제사"입니다.

17 여러분 교회의 지도자들에게 민감히 반응하십시오. 그들

의 권고에 귀를 기울이십시오. 그들은 여러분이 처해 있는 삶의 조건을 부지런히 살피며, 하나님의 엄격한 감독 아래서 일하는 사람들입니다. 그들이 고단한 심정이 아니라 기쁜 마음으로 지도력을 펼치도록 도와주십시오. 그들을 힘들게 할 이유가 무엇이겠습니까?

18-21 우리를 위해 기도해 주십시오. 우리가 하는 일이나 그 일을 하는 이유에 대해서는 의심할 바 없지만, 상황이 어려우니 여러분의 기도가 필요합니다. 하나님 앞에서 바르게 사는 것, 우리가 온통 마음 쓰는 것은 이것뿐입니다. 여러분을 조만간 만날 수 있도록 기도해 주십시오.

만물을 화해시키시고
온전하게 하시는 하나님,
예수의 희생, 곧 영원한 언약을 보증하는 피의 제사를 통해
영원한 업적을 이루신 하나님,
우리의 위대한 목자이신 예수를
죽은 자들 가운데서 일으켜 살리신 하나님께서,
여러분을 화해시키고 필요한 모든 것을 공급해 주셔서
그분의 기쁨이 되게 해주시기를,
메시아 예수의 희생을 통해
그분께 가장 큰 기쁨을 드리는 존재로 우리를 만들어 주시기를.
모든 영광이 예수께 영원하기를!

오, 참으로 그러하기를.

²²⁻²³ 친구 여러분, 부디 내가 최대한 고심하며 쓴 이 편지를 받아들이시기 바랍니다. 나는 가급적 간결하게 쓰려고 했습니다. 다른 많은 이야기는 적지 않았습니다. 디모데가 감옥에서 풀려난 것을 알게 되었으니, 여러분도 기쁘겠지요. 곧 그가 오면, 그와 함께 여러분을 직접 찾아뵙겠습니다.

²⁴ 여러분 교회의 지도자들과 모든 회중에게 안부를 전해 주십시오. 이곳 이탈리아에 있는 모든 이들이 여러분에게 안부를 전합니다.

²⁵ 여러분 모두에게 은혜가 함께하기를 바랍니다.

야고보서 | 머리말

그리스도인들이 교회에 모이면, 머지않아 불미스러운 일이
일어나게 마련이다. 밖에서 그 모습을 지켜보는 사람들은
이런 결론을 내린다. "종교 사업에는 사업 빼고는 아무것도
없군. 게다가 부정직하기까지 하다니." 그러나 안에 있는
사람들의 시각은 다르다. 병원이 환자들을 한 지붕 아래 모
아서 이러저러한 환자로 분류하듯이, 교회도 죄인들을 불러
모은다. 병원 밖에 있는 사람들 또한 병원 안에 있는 사람들
만큼 아프기는 매한가지다. 다만, 그들의 질환이 아직 진단
되지 않았거나 감추어져 있을 뿐이다. 교회 밖에 있는 죄인
들의 사정도 마찬가지다.

   일반적으로 교회는 선한 행실로 넘쳐나는 이상적인 공동
체가 아니다. 오히려 교회는 인간의 나쁜 행실을 공개적으
로 드러내 놓고, 직면해서 처리하는 곳이다.

   야고보서에는 초대교회 목회자 가운데 한 사람이 등장한
다. 그는 자기가 맡고 있는 공동체 안에 그릇된 믿음과 잘못
된 행실이 모습을 드러내자, 그것들을 마주해 진단하고 능
숙하게 조치를 취한다. 깊이 있고 살아 있는 지혜, 흔히 볼

수 없는 본질적인 지혜가 여기서 드러난다. 지혜에는 진리를 아는 것이 포함되지만, 그것이 전부는 아니다. 지혜는 삶의 기술이기도 하다. 우리가 진리를 안다고 해도, 그 진리대로 살아갈 줄 모른다면 무슨 소용이 있겠는가? 우리가 아무리 좋은 의도를 가지고 있다 해도, 그 좋은 의도를 지속적으로 붙들지 않는다면 무슨 소용이 있겠는가?

참된 지혜, 하나님의 지혜는 거룩한 삶에서 시작됩니다. 참된 지혜의 특징은 다른 사람들과 평화롭게 지내는 것입니다. 참된 지혜는 온유하고, 이치에 맞으며, 자비와 축복이 넘칩니다. 하루는 뜨겁고 다음날은 차갑고 하지 않습니다. 겉과 속이 다르지 않습니다. 여러분이 서로 평화롭게 지내고 품위와 예의를 갖춰 서로를 대하려고 노력한다면, 여러분은 하나님과 바른 관계를 맺고 사는 건강하고 튼튼한 공동체를 세우고, 그 열매 또한 맛보게 될 것입니다(약 3:17-18).

교회 전승에 따르면, 야고보는 여러 해 동안 작정하고 기도한 나머지 무릎에 굳은살이 두껍게 박여서 "늙은 낙타 무릎"이라는 뜻의 별명을 얻었다고 한다. 기도는 지혜의 기초다. 야고보는 그가 편지에 쓴 대로 살았다. "여러분이 무엇을 어떻게 해야 할지 모르겠거든, 아버지께 기도하십시오. 그분은 기꺼이 도와주시는 분이십니다. 여러분은 그분의 도우심을 받게 될 것이며, 그분의 도우심을 구할 때 부끄러움을 당하지 않을 것입니다. 망설이지 말고, 믿음을 가지고 담대히 구하십시오"(약 1:5-6). 기도는 언제나 지혜의 근원이다.

야고보서

1 ^{1} 하나님과 주 예수의 종인 나 야고보는, 다가올 그 나라를 바라보며 이 땅에서 뿔뿔이 흩어져 살아가는 열두 지파에게 편지합니다. 평안하신지요!

시련을 견디는 믿음

$^{2-4}$ 친구 여러분, 시험과 도전이 사방에서 여러분에게 닥쳐올 때, 그것을 더할 나위 없는 선물로 여기십시오. 여러분도 알다시피, 시련을 겪을수록 여러분의 믿음생활은 환히 그 실체가 드러날 것입니다. 그러니 성급하게 시련에서 벗어나려고 하지 마십시오. 시련을 충분히 참고 견디십시오. 그러면 여러분은 성숙하고 잘 다듬어진 사람, 어느 모로 보나 부족함이 없는 사람이 될 것입니다.

5-8 여러분이 무엇을 어떻게 해야 할지 모르겠거든, 아버지
께 기도하십시오. 그분은 기꺼이 도와주시는 분이십니다.
여러분은 그분의 도우심을 받게 될 것이며, 그분의 도우심
을 구할 때 부끄러움을 당하지 않을 것입니다. 망설이지 말
고, 믿음을 가지고 담대히 구하십시오. "기도해 놓고 염려
하는" 사람은 바람에 밀려 출렁이는 물결과 같습니다. 그런
식으로 태도를 정하지 않은 채 바다에 표류하는 사람은, 주
님께 무언가 받을 생각을 하지 마십시오.

9-11 망했던 사람이 다시 일어설 기회를 얻거든 박수를 보내
십시오! 거들먹거리던 부자가 곤두박질쳐도 박수를 보내십
시오! 부귀영화는 들꽃처럼 덧없는 것이니, 거기에 기대지
마십시오. 여러분은 해가 떠서 뜨거운 열을 뿜으면 꽃이 시
든다는 것을 잘 알고 있습니다. 꽃잎은 시들고, 그 아름답
던 모습도 어느새 바싹 마른 꽃대로 변하고 맙니다. "부유한
삶"의 모습이 그러합니다. 부유한 삶은, 모든 사람이 바라
보면서 감탄하는 순간에, 온데간데없이 사라지고 맙니다.

12 시련을 정면으로 맞서서 견뎌 내는 사람은 대단히 복된
사람입니다. 그렇게 성실하게 하나님을 사랑하는 사람은,
생명의 상급을 받을 것입니다.

13-15 악에 빠질 위험에 처한 사람을 보거든 "하나님이 나를
넘어뜨리려 한다"고 함부로 말하지 못하게 하십시오. 하나
님께서는 악에 영향받는 분도 아니시며, 누군가의 앞길에
악을 들이미는 분도 아니십니다. 유혹을 받아 악에 굴복하

는 것은 전적으로 우리 자신입니다. 우리는 누구도 탓해서
는 안됩니다. 탓하려면, 자꾸 곁눈질하고 유혹에 이끌리는
우리 자신의 타오르는 욕심을 탓할 것밖에 없습니다. 욕심
이 잉태하면 죄를 낳습니다. 그리고 죄가 자라서 어른이 되
면 진짜 살인자가 됩니다.

16-18 그러니 사랑하는 친구 여러분, 가던 길에서 벗어나지
마십시오. 모든 바람직하고 유익한 선물은 하늘로부터 옵니
다. 빛의 아버지로부터 폭포처럼 하염없이 내려옵니다. 하
나님께는 속임수나, 겉과 속이 다르거나, 변덕스러운 것이
전혀 없습니다. 그분께서는 참된 말씀으로 우리를 소생시키
시고, 우리를 모든 피조물의 머리로 삼아 돌보이게 하셨습
니다.

들은 그대로 행하십시오

19-21 사랑하는 친구 여러분, 사람들이 모이는 곳마다 이렇게
알리십시오. 귀를 앞세우고, 혀가 뒤따르게 하고, 분노는 한
참 뒤처지게 하라고 말입니다. 사람이 화내는 것으로는 하나
님의 의를 자라게 할 수 없습니다. 모든 악덕과 암과 같은 악
을 쓰레기통에 던져 버리십시오. 그저 마음을 겸손하게 하
여, 우리의 정원사이신 하나님께서 여러분을 말씀으로 조경
하셔서, 여러분의 삶을 구원의 정원으로 만드시게 하십시오.

22-24 말씀을 한 귀로 듣고 다른 귀로 흘려보내면서도, 자신
은 말씀을 듣는 사람이라고 스스로 속이는 일이 없게 하십

시오. 들은 그대로 행하십시오! 듣고도 행하지 않는 사람
은, 거울을 흘끗 들여다보고 떠나가서는, 금세 자기가 누구
이며 어떻게 생겼는지 전혀 알지 못하는 사람과 같습니다.
²⁵ 그러나 계시된 하나님의 권고—자유를 주는 삶!—를 흘
끗이라도 살피고 거기서 떠나지 않는 사람은, 마음과 머리
가 산만하지 않으며 행동으로 옮기는 사람입니다. 그런 사
람은 그 행함으로 기쁨과 확신을 얻게 될 것입니다.
²⁶⁻²⁷ 그럴듯한 말로 경건한 척하는 사람은 자기를 속이는 자
입니다. 그러한 경건은 자기자랑이자 허풍일 뿐입니다. 하
나님 아버지 앞에서 인정받는 참된 경건은, 어려움을 겪는
집 없는 사람과 사랑받지 못하는 사람들을 보살피고, 하나
님을 모르는 세상에 오염되지 않도록 조심하는 것입니다.

사랑이라는 고귀한 법

2 ¹⁻⁴ 사랑하는 친구 여러분, 그리스도계로부터 시작된
우리의 영광스러운 믿음생활에 세상 사람들의 생각
이 영향을 미치지 못하게 하십시오. 어떤 사람이 값비싼 정
장 차림을 하고 여러분의 교회에 들어오고, 뒤이어 누더기
옷차림의 노숙자가 들어왔다고 가정해 봅시다. 여러분이 정
장을 차려입은 사람에게는 "선생님, 여기 앉으십시오. 이
자리가 가장 좋은 자리입니다"라고 말하면서, 누더기를 걸
친 노숙자는 아예 무시하거나 혹은 "여기 뒷자리에 앉는 게
좋겠습니다"라고 말한다면, 여러분은 하나님의 자녀들을

차별하고 남을 판단하는, 신뢰할 수 없는 사람이 아니겠습니까?

5-7 사랑하는 친구 여러분, 귀 기울여 들으십시오. 하나님께서는 전혀 다르게 일하신다는 것이 이미 분명하게 드러나지 않았습니까? 그분께서는 세상의 가난한 사람들을 택하셔서 그 나라의 권리와 특권을 지닌 일등 시민이 되게 하셨습니다. 그 나라는 하나님을 사랑하는 사람 누구에게나 약속된 나라입니다. 그런데도 여러분은 여러분과 같은 시민들을 업신여겨 욕보이고 있습니다! 여러분을 착취하는 사람들은 지위가 높고 힘 있는 자들이 아닙니까? 법정을 이용해 여러분에게 터무니없는 돈을 청구하는 사람들도 그들이 아닙니까? 여러분이 세례 때 받은 "그리스도인"이라는 새 이름을 경멸하는 사람들도 바로 그들이 아닙니까?

8-11 여러분이 "네 자신을 사랑하듯이 다른 사람들을 사랑하라"는 성경의 고귀한 법을 이행하면, 그것은 잘하는 일입니다. 그러나 여러분이 이른바 유력 인사라고 하는 자들을 우대한다면, 그것은 성경의 법을 어기는 것이고, 여러분은 그 일로 말미암아 범법자가 됩니다. 여러분은 하나님의 율법 가운데 이러저러한 조항만 선택할 수 없고, 특별히 한두 가지는 지키고 다른 것들을 무시할 수는 없습니다. "간음하지 말라"고 하신 하나님께서 또한 "살인하지 말라"고 하셨습니다. 여러분이 간음하지는 않았으나 살인을 저질렀다고 가정해 봅시다. 그러면 여러분은 "나는 간음하지 않았으니, 그

것으로 나의 살인죄가 상쇄될 거야"라고 생각하겠습니까?
그럴 수 없습니다. 여러분은 결국 살인범입니다.

12-13 여러분은 우리에게 자유를 주는 그 법에 따라 심판을
기다리는 사람처럼 말하고 행동하십시오. 여러분이 친절하
게 행동하지 않으면, 친절한 대우 받기를 기대할 수 없을 것
입니다. 친절한 자비는 언제나 무자비한 심판을 이깁니다.

행함이 있는 믿음

14-17 사랑하는 친구 여러분, 여러분은 온갖 옳은 말씀을 배
우기만 하고 아무것도 행하지 않으면서 잘되기를 바랍니
까? 어떤 사람이 믿음을 논하기만 하고 전혀 실천하지 않는
다면, 그 사람에게 믿음이 실제로 있는 것이겠습니까? 예를
들어, 여러분의 옛 친구가 누더기를 걸친 채 굶주리고 있는
데, 그에게 다가가서 "여보게 친구! 그리스도를 입으시게!
성령 충만하시게!"라고 말하면서, 외투 한 벌이나 밥 한 그
릇 주지 않고 떠나간다면, 무슨 소용이 있겠습니까? 하나님
의 말만 앞세우고 하나님의 행함이 없다면, 그것은 터무니
없는 짓임이 분명하지 않습니까?

18 벌써 여러분 가운데 누군가가 "좋습니다. 당신이 믿음을
맡으면, 나는 행함을 맡겠습니다"라고 말하는 소리가 들립
니다.

성급하게 판단하지 마십시오. 내가 행함이 없는 믿음을 보
여줄 수 없듯이, 여러분도 믿음 없는 행함을 보여줄 수 없습

니다. 믿음과 행함, 행함과 믿음은 떼려야 뗄 수 없는 관계입니다.

19-20 여러분은 한분이신 하나님을 믿는다고 공언하면서, 마치 그것으로 대단한 일을 했다는 듯이 뒷짐을 진 채 만족해하더군요. 참 대단하십니다. 마귀들도 그렇게 합니다만, 그것이 무슨 소용이 있겠습니까? 생각을 좀 해보십시오! 여러분은 믿음과 행함을 갈라놓고도 그것을 계속 죽지 않게 할 수 있다고 생각하는 것입니까?

21-24 우리 조상 아브라함이 자기 아들 이삭을 번제단에 바칠 때 "행함으로 하나님과 바른 관계를 맺은" 것이 아닙니까? 믿음과 행함은 함께 멍에를 맨 동반자임이 분명하지 않습니까? 믿음은 행함으로 나타나는 것이 아닙니까? 행함이 "믿음의 행위"라는 것은 다 아는 사실이 아닙니까? 성경은 "아브라함이 하나님을 믿어 하나님과 바른 관계를 맺었다"고 했는데, 여기서 "믿는다"는 말의 온전한 의미는 그의 행위까지 담고 있습니다. 아브라함이 "하나님의 벗"이라는 이름을 얻게 된 것은, 그가 믿음과 행위를 하나로 조화시켰기 때문이 아닙니까? 사람이 하나님과 바른 관계를 맺는 것은, 열매 맺지 못하는 믿음으로 되는 것이 아니라, 행함으로 열매를 맺는 믿음으로 되는 것이 분명하지 않습니까?

25-26 여리고의 창녀 라합의 경우가 그러했습니다. 하나님이 그녀를 귀하게 여기신 것은, 하나님의 정탐꾼들을 숨겨 주고 그들의 탈출을 도운 행위, 곧 믿음과 행함의 빈틈없는 일

치 때문이 아니었습니까? 여러분이 육체와 영을 분리시키는 바로 그 순간에, 여러분은 싸늘한 시체가 되고 맙니다. 믿음과 행함을 분리시켜 보십시오. 여러분이 얻을 것은 시체뿐입니다.

말의 힘

3 ¹⁻² 친구 여러분, 성급하게 선생이 되려고 하지 마십시오. 가르침에는 막중한 책임이 따릅니다. 선생은 가장 엄격한 기준을 적용받습니다. 우리 가운데 완전한 자격을 갖춘 사람은 하나도 없습니다. 우리는 입을 열 때마다 거의 매번 실수를 저지릅니다. 온전히 참된 말을 하는 사람을 만난다면, 여러분은 삶을 완벽하게 제어하는 완전한 사람을 보고 있는 것입니다.

³⁻⁵ 말의 입에 물린 재갈이 말의 온몸을 통제합니다. 큰 배라도 능숙한 선장의 손에 작은 키가 잡혀 있으면, 그 배는 아무리 거센 풍랑을 만나도 항로를 벗어나지 않습니다. 여러분의 입에서 나오는 말이 하찮아 보이지만, 그 말은 무슨 일이든 성취하거나 파괴할 수 있습니다!

⁵⁻⁶ 잊지 마십시오. 아주 작은 불꽃이라도 큰 산불을 낼 수 있습니다. 여러분의 입에서 나오는 부주의한 말이나 부적절한 말이 그 같은 일을 합니다. 우리는 말로 세상을 파괴할 수도 있고, 조화를 무질서로 바꿀 수도 있고, 명성에 먹칠을 할 수도 있고, 지옥 구덩이에서 올라오는 연기처럼 온 세상

을 허망하게 사라지게 할 수도 있습니다.

7-10 두려운 일이 아닐 수 없습니다. 여러분이 호랑이는 길들일 수 있지만, 혀는 길들일 수 없습니다. 이제껏 혀를 길들인 사람은 아무도 없었습니다. 혀는 사납게 날뛰는, 무자비한 살인자입니다. 우리는 혀로 하나님 우리 아버지를 찬양하기도 하고, 바로 그 혀로 하나님이 자기 형상대로 지으신 사람들을 저주하기도 합니다. 한 입에서 저주도 나오고 찬양도 나옵니다!

10-12 친구 여러분, 그런 일이 계속 일어나서는 안됩니다. 샘이 하루는 단물을 내고, 다음날은 쓴물을 낼 수 있겠습니까? 사과나무가 딸기를 낼 수 있습니까? 딸기 덩굴이 사과를 낼 수 있습니까? 더러운 진흙 구덩이에서 맑고 시원한 물 한 잔을 얻을 수 있겠습니까?

참된 지혜

13-16 지혜롭다는 평가를 듣고 싶습니까? 지혜롭다는 평판을 쌓고 싶습니까? 여기 여러분이 할 일이 있습니다. 제대로 살고, 지혜롭게 살고, 겸손하게 사십시오. 중요한 것은, 여러분의 말하는 방식이 아니라 사는 방식입니다. 야비한 야심은 지혜가 아닙니다. 스스로 지혜롭다고 뽐내는 것도 지혜가 아닙니다. 지혜롭게 보이려고 진실을 왜곡해 말하는 것도 지혜가 아닙니다. 그것은 지혜와는 한참 거리가 멉니다. 그것은 짐승같이 약삭빠르고, 악마같이 교활한 속임수

일 뿐입니다. 여러분이 다른 사람보다 더 낫게 보이려고 하
거나 다른 사람을 이기려고 할 때마다, 일은 엉망이 되고 서
로 멱살을 잡는 것으로 끝나고 말 것입니다.

17-18 참된 지혜, 하나님의 지혜는 거룩한 삶에서 시작됩니
다. 참된 지혜의 특징은 다른 사람들과 평화롭게 지내는 것
입니다. 참된 지혜는 온유하고, 이치에 맞으며, 자비와 축복
이 넘칩니다. 하루는 뜨겁고 다음날은 차갑고 하지 않습니
다. 겉과 속이 다르지 않습니다. 여러분이 서로 평화롭게 지
내고 품위와 예의를 갖춰 서로를 대하려고 노력한다면, 여
러분은 하나님과 바른 관계를 맺고 사는 건강하고 튼튼한
공동체를 세우고, 그 열매 또한 맛보게 될 것입니다.

하나님 뜻대로 사는 삶

4 1-2 여러분은 이 모든 형편없는 싸움과 다툼이 어디
에서 비롯된다고 생각합니까? 그냥 일어나는 일이
라고 생각합니까? 곰곰이 생각해 보십시오. 그런 일이 일어
나는 것은, 여러분이 자기 마음대로 하려 하고, 싸워서라도
그렇게 하려는 마음이 여러분 깊은 곳에 있기 때문입니다.
여러분은 자신이 갖지 못한 것을 탐하고, 살인까지 해서라
도 그것을 얻으려고 합니다. 여러분의 것이 아닌 것을 가지
려다가 폭력까지 휘두르고 맙니다.

2-3 여러분은 그런 것을 달라고 하나님께 구하지는 않겠지
요? 그 이유가 무엇입니까? 여러분이 가질 권리가 없는 것

을 구하고 있음을 잘 알기 때문입니다. 여러분은 매번 자기 마음대로 하려고 하니, 버릇없는 아이와 같습니다.

4-6 여러분은 하나님을 속이고 있습니다. 온통 자기 마음대로 살거나 기회 있을 때마다 세상과 놀아나는 것이 여러분이 원하는 바라면, 여러분은 결국 하나님의 원수가 되어 하나님과 그분의 길을 거스르고 말 것입니다. 여러분은 하나님께서 관심하지 않으신다고 생각합니까? 잠언은 "하나님은 맹렬히 질투하는 연인이시다"라고 말합니다. 그분께서 사랑으로 주시는 것은, 여러분이 얻고자 하는 다른 어떤 것보다 훨씬 나은 것입니다. "하나님은 자기 마음대로 하려는 교만한 자들을 대적하시고, 기꺼이 자기를 낮추는 사람들에게는 은혜를 베푸신다"는 말씀은 누구나 아는 사실입니다.

7-10 그러니, 하나님이 여러분 안에서 그분 뜻대로 일하시게 해드리십시오. 마귀에게는 큰소리로 "안돼!" 하고 외치고, 마귀가 날뛰지 않는지 주시하십시오. 하나님께는 조용히 "예!" 하고 말씀드리십시오. 그러면 하나님께서 즉시 여러분 곁에 계실 것입니다. 죄에서 손을 떼십시오. 내면의 삶을 깨끗하게 하십시오. 여기저기 기웃거리지 마십시오. 땅을 치며 하염없이 우십시오. 놀고 즐기는 일은 끝났습니다. 신중하게, 참으로 신중하게 처신하십시오. 주님 앞에 무릎을 꿇으십시오. 여러분이 일어설 수 있는 길은 그 길뿐입니다.

11-12 친구 여러분, 서로 헐뜯지 마십시오. 그런 식의 험담은 하나님의 말씀, 그분의 메시지, 그분의 고귀한 법을 짓밟는

행위입니다. 여러분은 **메시지**를 존중해야지, 거기에 낙서를 해서는 안됩니다. 사람의 운명은 하나님이 정하십니다. 도대체 여러분이 누구이기에 다른 사람의 운명에 간섭할 수 있단 말입니까?

한 줌 안개와 같은 인생

13-15 "오늘이나 내일 이러저러한 도시에 가서 일 년 정도 머물면서, 사업을 시작해 큰돈을 벌어야겠다"고 건방진 소리를 하는 여러분에게 한마디 하겠습니다. 여러분은 내일에 대해 아무것도 알지 못합니다. 여러분은 햇빛이 조금만 비쳐도 금세 사라지고 마는 한 줌 안개에 지나지 않습니다. 오히려 "주님이 원하셔서 우리가 살게 된다면, 이러저러한 일을 하겠다"고 말하는 습관을 들이십시오.

16-17 사실, 여러분은 우쭐거리는 자아로 가득 차 있습니다. 그런 자만은 다 악한 것입니다. 여러분이 옳은 일을 할 줄 알면서도 하지 않는 것, 그것이 바로 여러분의 죄악입니다.

부자들에게 주는 경고

5 1-3 마지막으로, 거만하게 구는 부자들에게 말합니다. 슬퍼하며 몇 가지 가르침을 받으십시오. 그대들은 재난이 닥칠 때 눈물을 담을 양동이가 필요할 것입니다. 그대들의 돈은 썩었고, 그대들의 좋은 옷은 역겹기 그지없습니다. 그대들의 탐욕스런 사치품은 내장에 생긴 암과 같

아서, 안에서부터 그대들의 생명을 파괴하고 있습니다. 그대들은 스스로 재물을 쌓아 올렸다고 생각하겠지만, 그대들이 쌓아 올린 것은 다름 아닌 심판입니다.

⁴⁻⁶ 그대들에게 착취당하고 갈취당한 일꾼들이 심판을 요구하며 부르짖고 있습니다. 그대들에게 이용당하고 혹사당한 일꾼들의 신음소리가, 원수를 갚아 주시는 주님의 귀에 쟁쟁히 울리고 있습니다. 그대들은 땅을 착취해 배를 불렸으면서도, 그 땅에 돌려줄 것은 유난히도 뚱뚱한 그대들의 시신밖에 없습니다. 사실 그대들이 한 일은, 묵묵히 당하기만 하는 더할 나위 없이 선한 사람들을 정죄하고 죽인 것이 전부입니다.

⁷⁻⁸ 친구 여러분, 주님이 오실 때까지 참고 기다리십시오. 여러분도 알다시피, 농부들은 늘 이렇게 합니다. 농부들은 귀한 곡식이 자라기를 기다립니다. 더디지만, 비가 내려 분명한 결과를 낼 것을 인내심을 가지고 기다립니다. 여러분도 그렇게 참고 기다리십시오. 마음을 한결같이 강하게 하십시오. 주님은 언제라도 오실 수 있습니다.

⁹ 친구 여러분, 서로 원망하지 마십시오. 여러분도 알다시피, 훨씬 큰 원망이 여러분을 기다리고 있을지 모릅니다. 심판하실 분께서 가까이 와 계십니다.

¹⁰⁻¹¹ 옛 예언자들을 여러분의 멘토로 삼으십시오. 그들은 모

든 것을 참았고, 온갖 고난을 겪으면서도 멈추지 않고 언제
나 하나님을 경외했습니다. 끝까지 경주를 마친 사람들에게
는 하나님께서 생명을 선물로 주실 것입니다! 물론, 여러분
은 욥의 인내에 대해 들었을 것입니다. 하나님께서 마지막
에 어떻게 그에게 모든 것을 회복해 주셨는지도 알 것입니
다. 하나님께서 그렇게 하신 것은, 그분은 돌보시는 분, 사
소한 일까지 세세하게 보살펴 주시는 분이기 때문입니다.

¹² 하나님은 돌보시는 분임을 알았으니, 이제 여러분의 말로
그 사실을 알리십시오. 여러분의 말에 "맹세하건대" 같은 표
현을 덧붙이지 마십시오. 하나님을 재촉하려고 맹세를 덧붙
이는 조급함을 보이지 마십시오. 그저 "예"라고 하거나, "아
니요"라고만 하십시오. 참된 것만 말하십시오. 그래야 여러
분의 말이 여러분을 거스르는 데 사용되지 않을 것입니다.

하나님이 헤아리시는 기도

¹³⁻¹⁵ 고통을 겪고 있습니까? 기도하십시오. 기분이 몹시 좋
습니까? 찬양하십시오. 아픈 데가 있습니까? 교회의 지도
자들을 불러 주님의 이름으로 함께 기도하고, 기름을 발라
달라고 하십시오. 믿음으로 드리는 기도는 여러분을 낫게
해줄 것입니다. 예수께서 여러분을 일으켜 주실 것입니다.
또한 죄를 지은 것이 있으면 용서받을 것입니다. 안팎이 모
두 치유될 것입니다.

¹⁶⁻¹⁸ 여러분 모두가 함께 실천할 것이 있습니다. 서로 죄를

고백하고, 서로를 위해 기도하십시오. 그러면 여러분의 병이 낫고 온전해져서 더불어 살 수 있을 것입니다. 하나님과 바른 관계를 맺고 사는 사람의 기도는, 하나님께서 헤아리실 만큼 강력한 힘을 발휘합니다. 예컨대, 엘리야는 우리와 똑같은 사람이었으나, 비가 오지 않게 해달라고 간절히 기도하자 비가 내리지 않았습니다. 삼 년 육 개월 동안 한 방울도 내리지 않았습니다. 그 후에 비를 내려 달라고 기도하자 비가 내렸습니다. 소나기가 내려 모든 것이 다시 자라기 시작했습니다.

19-20 사랑하는 친구 여러분, 하나님의 진리에서 떠난 사람들을 알고 있거든, 그들을 포기하지 마십시오. 그들을 찾아가십시오. 그들을 돌아서게 하십시오. 이는 귀한 생명들을 파멸에서 건져 내는 일이며, 하나님을 등지는 일이 전염병처럼 퍼지는 것을 막는 일입니다.

"당신은 그리스도, 곧 메시아이십니다." 베드로의 이 간결한 고백은, 우리 가운데 하나님으로 계시면서 친히 영원한 구원 사역을 행하시는 예수께 믿음의 초점을 맞춘 것이다. 베드로는 순수한 인격의 힘으로 동료들의 존경을 불러일으키는 타고난 지도자였던 것 같다. 예수의 제자 명단에는, 베드로의 이름이 언제나 첫 번째 자리를 차지한다.

초대교회에서 그의 영향력은 대단했으며, 모든 이들의 인정을 받았다. 이러한 위치 때문에, 그는 기독교 공동체 안에서 가장 영향력 있는 인물이 되었다. 또한 그는 힘찬 설교와 뜨거운 기도, 담대한 치유 사역과 지혜로운 지도력을 통해서도 자신에게 주어진 신뢰가 정당하다는 것을 증명해 보였다.

베드로가 영향력 있는 자리에 있으면서 처신한 방식은, 그의 영향력보다 훨씬 인상적이다. 그는 중심에서 벗어나 있었고, 권력을 "휘두르지" 않았으며, 예수께 한결같이 순종했다. 카리스마 넘치는 성품으로 보나 으뜸으로 인정받은 위치로 보나, 그는 쉽게 권력을 넘겨받을 수도 있었고 예수와의 각별한 관계를 내세워 스스로를 높일 수도 있었다. 그러나 오늘날의 영적 지도자들이 자주 범하는 것과 달리, 그는 그렇게 하지 않았다. 그것은 참으로 인상 깊고 감동적이다. 실제로 그는 편지를 읽는 이들에게 "여러분은 자신의 모습에 만족하고, 거들먹거리지 마십시오. 하나님의 강한 손이 여러분 위에 있으니, 때가 되면 그분께서 여러분을 높이실 것입니다"라고 말한다(벧전 5:6). 베드로는 한 줄기 신선한 산들바람과 같은 사람이었다.

베드로가 쓴 두 통의 편지는, 성령께서 베드로 안에 빚으신 예수의 성품을 드러내 보여준다. 특권보다는 고난을 기꺼이 껴안으려는 마음, 책보다는 경험에서 우러난 지혜, 활력과 상상력을 잃지 않은 겸손이 그것들이다. 베드로의 초기 이야기에서 알 수 있듯이, 그는 골목대장 기질이 다분한 사람이었다. 그러나 그는 그런 사람이 되지 않았다(종교적 골목대장만큼 최악인 경우도 없다). 오히려 그는, 담대한 확신을 갖고 있으면서도 자신을 내세우지 않는, 예수 그리스도의 종이 되었다. 우리는 이 두 편지에서 그런 그의 모습을 볼 수 있다. 이것이야말로 그가 말한 "전혀 새로운 생명, 가장 중요한 삶의 목적"에 대한 강력한 증언인 것이다.

베드로전서

1

1-2 메시아 예수께 사도로 임명받은 나 베드로는, 사방에 흩어져 나그네 삶을 살아가는 이들에게 이 편지를 씁니다. 나는 여러분 가운데 한 사람도 그리워하지 않은 적이 없고, 한 사람도 잊은 적이 없습니다. 하나님 아버지께서 여러분 각자를 눈여겨보시고, 성령의 역사로 말미암아 예수의 희생을 통해 여러분을 순종하는 사람이 되게 하기로 작정하셨습니다. 하나님께서 주시는 온갖 좋은 것이 여러분의 것이 되기를 바랍니다!

새 생명

3-5 우리 안에 계시는 하나님은 얼마나 놀라운 분이신지요! 우리 주 예수의 아버지 하나님을 모신 우리는 얼마나 복된

사람들인지요! 예수께서 죽은 자들 가운데서 다시 살아나
심으로 우리는 전혀 새로운 생명을 받았고, 가장 중요한 삶
의 목적을 얻게 되었습니다. 또한 하늘에 간직된 미래까지
보장받았습니다. 그 미래가 이제 시작되고 있습니다! 하나
님께서는 우리와 그 미래를 꼼꼼히 살피고 계십니다. 여러
분이 온전하게 치유된 생명을 얻게 될 그날이 다가오고 있
습니다.

6-7 나는 이것으로 말미암아 여러분이 얼마나 기뻐할지 알
고 있습니다. 얼마 동안은 여러분이 온갖 힘든 일을 참고
견뎌야 하겠지만 말입니다. 순금은 불 속을 통과해야 순금
인 것이 입증됩니다. 참된 믿음도 시련을 겪고 나와야 참된
믿음인 것이 입증됩니다. 예수께서 모든 일을 완성하실 때
에 하나님께서 승리의 증거로 내보이실 것은, 여러분의 믿
음이지 여러분의 금덩이가 아닙니다.

8-9 여러분은 예수를 본 적이 없지만 그분을 사랑합니다. 지
금도 그분을 볼 수 없지만, 그분을 신뢰하며 기뻐 찬송합니
다. 믿음을 잘 지켜 왔으니, 이제 여러분은 손꼽아 기다리던
완전한 구원을 얻게 될 것입니다.

10-12 이 구원이 다가오고 있음을 우리에게 일러 준 예언자들
은, 하나님이 예비하고 계신 생명의 선물에 대해 많은 질문
을 던졌습니다. 메시아의 영이 그들에게 그 선물에 대해 알
려 주셨습니다. 그 선물은 메시아께서 고난을 받으시고, 그
후에 영광을 받으시리라는 것이었습니다. 예언자들은 그런

일이 누구에게, 또 언제 일어날지 알고 싶어 그분께 부르짖
었습니다. 예언자들이 들은 것은 모두 여러분을 섬기기 위
한 것이었습니다. 여러분은 하늘의 지시에 따라—성령을
통해—저 예언자들의 **메시지**가 성취되었다는 말을 직접 들
은 사람들입니다. 여러분이 얼마나 복된 사람인지 아시겠습
니까? 천사들도 이런 복을 누릴 기회를 조금이라도 얻고 싶
어 했을 것입니다!

하나님의 생명으로 빚어진 생활방식

13-16 그러니 마음을 단단히 먹고 정신을 바짝 차려서, 예수
께서 오실 때에 여러분의 선물을 받을 수 있도록 철저히 준
비하십시오. 전에 하고 싶은 대로만 하던 악한 습관에 다시
빠져들지 않게 하십시오. 그때는 여러분이 더 나은 것을 알
지 못했으나, 이제는 알고 있습니다. 순종하는 자녀가 되었
으니, 여러분은 하나님의 생명으로 빚어진 생활방식을 따
라 거룩함으로 빛나는 힘찬 삶을 살아가십시오. 하나님께서
"내가 거룩하니, 너희도 거룩하여라" 하고 말씀하셨습니다.
17 여러분이 하나님께 도움을 구하면, 그분께서 도와주십니
다. 하나님은 그토록 자애로우신 아버지이십니다. 그러나 잊
지 마십시오. 그분은 책임을 다하는 아버지도 되시기에, 여
러분이 단정치 못한 삶을 살도록 내버려 두지 않으십니다.
18-21 여러분의 삶은 하나님을 깊이 의식하면서 나아가야 하
는 여정입니다. 하나님께서는 여러분이 전에 몸담고 살았던

막다른 삶, 아무 생각 없이 살아온 그 삶에서 여러분을 건
져 내기 위해 큰 값을 치르셨습니다. 여러분도 알다시피, 하
나님께서는 그리스도의 거룩한 피를 지불하셨습니다. 그리
스도께서 흠 없는 희생양처럼 죽으셨습니다. 이것은 느닷없
이 일어난 일이 아니었습니다. 최근에─마지막 때에─이르
러 공공연한 지식이 되었지만, 하나님은 그리스도께서 여러
분을 위해 이 일을 하실 것을 전부터 미리 알고 계셨습니다.
여러분이 하나님을 믿게 된 것, 하나님 안에 미래가 있음을
알게 된 것은 메시아의 희생으로 말미암은 것입니다. 하나
님께서는 메시아를 죽은 자들 가운데서 살리시고 영광스럽
게 하셨습니다.

²²⁻²⁵ 이제 여러분이 진리를 따름으로 여러분의 삶을 깨끗하게
했으니, 서로 사랑하십시오. 여러분의 삶이 거기에 달려 있
다는 듯이 사랑하십시오. 여러분의 새 삶은 옛 삶과 다릅니
다. 전에 여러분은 썩어 없어질 씨에서 태어났지만, 이제는
살아 계신 하나님의 말씀에서 새로 태어났습니다. 생각해
보십시오. 여러분은 하나님께서 직접 잉태하신 생명입니다!
그래서 예언자가 이렇게 말한 것입니다.

옛 생명은 풀의 목숨과 같고
그 아름다움은 들꽃처럼 오래가지 못한다.
풀은 마르고 꽃은 시들지만,
하나님의 말씀은 영원히 계속된다.

이 말씀이 여러분 안에 새 생명을 잉태했습니다.

2

1-3 그러니 여러분을 깨끗이 정리하십시오! 악의와 위선, 시기와 악담을 말끔히 치워 버리십시오. 하나님을 맛보았으니, 이제 여러분은 젖먹이 아이처럼, 하나님의 순수한 보살핌을 깊이 들이키십시오. 그러면 하나님 안에서 무럭무럭 자라서, 성숙하고 온전하게 될 것입니다.

살아 있는 돌

4-8 살아 있는 돌, 곧 생명의 근원을 맞이하십시오. 일꾼들은 그 돌을 얼핏 보고 내다 버렸지만, 하나님께서는 그 돌을 영광의 자리에 두셨습니다. 여러분은 건축용 벽돌과 같으니, 생명이 약동하는 성소를 짓는 데 쓰일 수 있도록 자신을 하나님께 드리십시오. 거룩한 제사장이 되어, 그리스도께서 인정하시는 삶을 하나님께 드리십시오. 성경에는 이러한 선례가 있습니다.

보라! 내가 돌 하나를 시온에 둔다.
모퉁잇돌 하나를 영광의 자리에 두겠다.
누구든지 이 돌을 신뢰하고 기초로 삼는 사람은
후회할 일이 결코 없을 것이다.

그분을 신뢰하는 여러분에게는 그분이 자랑할 만한 돌이지만, 신뢰하지 않는 자들에게는

> 일꾼들이 내버린 돌이
> 머릿돌이 되었습니다.

또한

> 걸려 넘어지게 하는 돌,
> 길을 가로막는 큰 바위입니다.

믿지 않는 자들이 걸려 넘어지는 것은, 그렇게 되도록 정해져 있는 것과 같이, 그들이 순종하지 않기 때문입니다.
9-10 그러나 여러분은 하나님께서 택하신 사람들입니다. 여러분은 제사장의 일이라는 고귀한 사명을 감당하도록 선택받았고, 거룩한 백성이 되도록 선택받았으며, 하나님의 일을 하고 하나님을 위해 말하는 그분의 도구로 선택받았습니다. 그것은 하나님께서 여러분을 위해 밤낮으로 행하신 특별한 일―아무것도 아닌 자에서 중요한 자로, 거절당한 자에서 받아들여진 자로 바꾸신 일―을 다른 사람들에게 전하게 하시려는 것입니다.

❧

¹¹⁻¹² 친구 여러분, 이 세상은 여러분의 본향이 아닙니다. 그러니 이 세상에서 여러분의 안락함을 구하지 마십시오. 자기 욕망을 채우려다가 영혼을 희생하는 일이 없게 하십시오. 여러분은 이 세상을 본향으로 삼은 사람들 가운데 본이 될 만한 삶을 살아서, 여러분의 행실로 그들의 편견을 없애십시오. 그러면 그들도 하나님 편에 서서, 그분께서 오시는 날에 그분을 찬송하는 자리에 참여하게 될 것입니다.

¹³⁻¹⁷ 훌륭한 시민이 되어 주님을 자랑스럽게 해드리십시오. 권력자들의 수준이 어떠하든지 그들을 존중하십시오. 그들은 질서 유지를 위해 하나님께서 보내신 밀사들입니다. 하나님의 뜻은 여러분이 지속적으로 선을 행하여, 여러분을 사회의 위험 요소로 여기는 어리석은 자들의 생각을 고쳐 주는 것입니다. 여러분의 자유를 행사하되 질서를 파괴하는 일이 아니라, 하나님을 섬기는 일에 그것을 사용하십시오. 누구를 만나든지 품위 있게 대하십시오. 영적으로 가족이 된 이들을 사랑하십시오. 하나님을 경외하십시오. 정부를 존중하십시오.

그리스도께서 친히 사셨던 삶

¹⁸⁻²⁰ 종으로 있는 여러분, 여러분의 주인에게 착한 종이 되십시오. 좋은 주인뿐만 아니라 못된 주인에게도 그렇게 하십시오. 합당한 이유 없이 나쁜 대우를 받더라도 하나님을 위해 참는 것이 중요합니다. 마땅히 받아야 할 벌을 받는 것

이 무슨 특별한 일이겠습니까? 그러나 여러분이 선을 행하는데도 부당한 대우를 받으면서 여전히 착한 종으로 산다면, 그것은 하나님 보시기에 귀한 일입니다.

²¹⁻²⁵ 여러분은 그러한 삶을 살도록, 그리스도께서 친히 사셨던 삶을 살도록 초청받았습니다. 그분은 자기에게 닥친 온갖 고난을 겪으심으로, 여러분도 그분처럼 살 수 있음을 알려 주셨고, 그 방법도 하나씩 알려 주셨습니다.

  그분은 잘못된 일을 하나도 행하지 않으셨고
  어긋난 말을 한 번도 입에 담지 않으셨다.

사람들이 그분께 온갖 욕을 퍼부었지만, 그분은 전혀 대꾸하지 않으셨습니다. 그분은 말없이 고난을 당하시고, 하나님께서 바로잡아 주시도록 맡기셨습니다. 그분은 종의 몸으로 우리의 죄를 지시고 십자가에 달리셨습니다. 그것은 우리로 하여금 죄에서 벗어나 옳은 길을 따라 살게 하시려는 것이었습니다. 그분께서 상처를 입으심으로 여러분이 나았습니다. 전에 여러분은 자신이 누구이며 어디로 가고 있는지 알지 못하는 길 잃은 양이었습니다. 그러나 이제는 여러분의 영혼을 영원토록 지키는 목자께서 그 이름을 불러 주시고 보살펴 주시는 양이 되었습니다.

내면의 아름다움을 계발하십시오

3

¹⁻⁴ 아내 여러분에게 권합니다. 남편에게 착한 아내가 되어, 남편의 필요를 들어주십시오. 그러면 하나님 이야기에 무관심하던 남편도 여러분의 거룩하고 아름다운 삶에 감화를 받을 것입니다. 중요한 것은 외모—머리 모양, 몸에 걸친 보석, 옷차림—가 아니라, 여러분의 내적인 마음가짐입니다.

⁴⁻⁶ 내면의 아름다움을 계발하십시오. 내면을 온화하고 우아하게 가꾸십시오. 그것이야말로 하나님께서 기뻐하시는 일입니다. 전에 거룩하게 살았던 여인들은 하나님 앞에서 그와 같이 아름다웠고, 남편에게도 착하고 성실한 아내였습니다. 예컨대, 사라는 아브라함을 보살피면서 그를 "나의 사랑하는 남편"이라고 불렀습니다. 여러분도 걱정과 두려움 없이 그렇게 하면 사라의 참된 딸이 될 것입니다.

⁷ 남편 여러분에게도 똑같이 권합니다. 아내에게 좋은 남편이 되십시오. 아내를 존중하고 기뻐하십시오. 여러분의 아내는 여자이기에 여러분보다 연약합니다. 하지만 하나님의 은혜로 사는 새로운 삶 안에서는 여러분과 동등한 사람입니다. 여러분의 아내를 동등한 사람으로 존중하십시오. 그래야 여러분의 기도가 막히지 않을 것입니다.

선을 행하다가 고난받을 때

⁸⁻¹² 요약해서 말합니다. 친절하고, 인정 많고, 사랑하고, 자

비로우며, 겸손한 사람이 되십시오. 이것은 여러분 모두에
게 해당하는 사항이니, 한 사람도 빠짐없이 그렇게 하십시
오. 앙갚음하거나 냉소적으로 비꼬는 말을 하지 마십시오.
오히려 축복해 주십시오. 축복이야말로 여러분이 할 일입니
다. 그러면 여러분은 복덩어리가 되어 여러분도 복을 받게
될 것입니다.

> 생명을 받아들이고
> 좋은 날 보기를 바라는 이여,
> 그대가 할 일은 이것이니,
> 곧 악담과 험담을 삼가고
> 악을 물리치고 선을 장려하며
> 힘을 다해 평화를 추구하여라.
> 하나님께서 이 모든 일을 지켜보시고 인정해 주신다.
> 하나님께서 그의 간구에 귀 기울이시고 응답해 주신다.
> 그러나 악을 행하는 자에게는
> 등을 돌리신다.

13-18 여러분이 마음과 영혼을 다해 선을 행하면, 누가 여러
분을 방해하겠습니까? 선을 행하다가 고난을 당하더라도,
여러분은 훨씬 더 복된 사람입니다. 고난을 너무 마음에 두
지 마십시오. 온갖 어려움 속에서도 여러분의 마음을 다잡
고, 여러분의 주님이신 그리스도께 경배하십시오. 여러분의

삶의 방식에 대해 묻는 사람에게 할 말을 준비하되, 최대한 예의를 갖춰 답변하십시오. 하나님 앞에서 양심을 깨끗하게 하여, 사람들이 퍼붓는 욕설이 여러분을 괴롭히지 못하도록 하십시오. 오히려 그들이야말로 깨끗함을 받아야 할 사람이라는 것을 깨닫게 될 것입니다. 하나님이 바라시는 것이면, 선을 행하다가 고난받는 것이, 악을 행하다가 벌 받는 것보다 낫습니다. 그리스도께서 분명히 그렇게 하셨습니다. 그분께서는 다른 사람들의 죄 때문에 고난을 받으셨습니다. 의로우신 분께서 불의한 자들을 위해 고난을 받으신 것입니다. 그리스도께서는 우리를 하나님께 인도하기 위해, 그 모든 고난을 겪으시고 죽임을 당하시고 다시 살아나셨습니다. [19-22] 그분께서는, 전에 말씀을 귀 기울여 듣지 않아 심판을 받고 감옥에 갇힌 세대들을 찾아가셔서, 하나님의 구원을 선포하셨습니다. 여러분도 알다시피, 노아가 배를 건조하던 기간 내내 참고 기다리셨습니다. 그러나 물에 의해 물로부터 구원받은 사람은 고작 몇 명, 정확하게는 여덟 명뿐이었습니다. 세례 받을 때의 물이 여러분에게 그와 같은 일을 합니다. 그 물은 여러분의 살갗에 묻은 더러움을 씻어 주는 것이 아니라, 예수의 부활을 힘입어 깨끗해진 양심을 갖게 된 여러분을 하나님 앞에 세우는 물입니다. 예수께서는 천사에서 권세에 이르기까지, 만물과 모든 이들에 대한 최종 결정권을 쥐고 계신 분입니다. 그분은 하나님 오른편에 계시면서, 그분이 말씀하신 것을 이루십니다.

예수처럼 생각하십시오

4 ¹⁻² 예수께서는 여러분이 지금 겪고 있는 모든 고난과 그보다 더한 고난을 겪으셨으니, 여러분도 그분처럼 생각하는 법을 익히십시오. 여러분의 고난을, 전에 늘 자기 마음대로 살려고 하던 죄악된 옛 습관을 끊는 기회로 삼으십시오. 그렇게 할 때 여러분은 자기 욕망의 압제 아래 살기보다, 하나님께서 원하시는 삶을 추구하면서 자유롭게 살아가게 될 것입니다.

³⁻⁵ 전에 여러분은 하나님을 모르는 생활방식에 푹 빠져, 밤마다 파티를 벌이고 술에 취해 방탕한 삶을 살았습니다. 이제 그런 삶을 영원히 청산할 때가 되었습니다. 물론 여러분의 옛 친구들은, 여러분이 그들과 함께 어울리지 않는 이유를 이해하지 못할 것입니다. 그렇다고 해서 그들에게 일일이 설명할 필요는 없습니다. 그들은 장차 하나님 앞에서 책망받을 자들이니 말입니다.

⁶ **메시지에 귀를 기울이십시오.** 메시지는 죽은 신자들에게도 선포되었습니다. (모든 사람들이 그러하듯이) 비록 그들이 죽었지만, 하나님이 예수 안에서 주신 생명을 얻게 될 것입니다.

⁷⁻¹¹ 이 세상 만물의 마지막이 다가오고 있습니다. 그러니 아무것도 당연한 것으로 여기지 마십시오. 정신을 바짝 차리고 기도하십시오. 무엇보다도 서로 사랑하십시오. 여러분의 삶이 거기에 달려 있다는 듯이 사랑하십시오. 사랑은 실제

적으로 무언가를 만들어 냅니다. 굶주린 사람을 보거든 서
둘러 식사를 제공하고, 집 없는 사람을 보거든 기꺼이 잠자
리를 제공하십시오. 여러분 각자가 하나님께 받은 은사를
관대한 마음으로 서로 나누어, 모두가 그 덕을 보게 하십시
오. 여러분이 받은 것이 말이면 여러분의 말이 하나님의 말
씀이 되게 하고, 여러분이 받은 것이 남을 돕는 것이면 여러
분의 도움이 하나님의 진심어린 도움이 되게 하십시오. 그
렇게 하면, 모든 일에서 하나님의 찬란한 임재가 예수를 통
해 환히 드러날 것입니다. 또한 하나님께서는 모든 일을 하
실 수 있는 능력 있는 분으로 영광을 받으실 것입니다. 마지
막 날까지 영원무궁토록. 예, 그렇습니다!

고난을 기쁘게 여김

12-13 친구 여러분, 사는 것이 참으로 힘들더라도, 하나님께
서 일하시지 않는다고 속단하지 마십시오. 오히려 그리스도
가 겪으신 고난의 한가운데에 여러분이 있게 된 것을 기쁘
게 여기십시오. 이 고난은 영광이 임박했을 때 여러분이 통
과해야 하는 영적 제련의 과정입니다.

14-16 여러분이 그리스도 때문에 모욕을 받으면, 스스로 복되
다고 여기십시오. 여러분 안에 계신 하나님의 영과 그분의
영광이, 여러분을 사람들의 눈에 띄게 하신 것입니다. 법을
어기거나 평화를 어지럽혀서 사람들이 여러분을 욕하는 것
이라면, 그것은 전혀 다른 문제입니다. 그러나 여러분이 그

리스도인이기에 받는 모욕이라면, 기꺼이 받아들이십시오.
그리스도인이라는 이름에 반영되어 있는 여러분의 구별된
신분을 자랑으로 여기십시오.

17-19 하나님의 집에 심판이 시작되었습니다. 우리가 맨 먼
저입니다. 우리가 먼저 심판을 받는데, 하나님의 메시지를
거절하는 자들은 어떻게 되겠습니까?

> 선한 사람도 간신히 관문을 통과한다면
> 악한 사람에게는 무엇이 기다리고 있겠습니까?

하나님의 말씀대로 산다는 이유로 여러분의 삶이 힘겨워지
거든, 당연한 일로 받아들이십시오. 하나님을 신뢰하십시
오. 하나님께서는 자신의 일을 잘 알고 계시니, 계속해서 그
일을 이루실 것입니다.

하나님의 양 떼를 돌보는 지도자

5

1-3 교회의 지도자 여러분께 특별히 말씀드립니다. 나
는 지도자가 된다는 것이 어떤 것인지 알고 있습니
다. 지도자는 그리스도의 고난에 참여함으로써 다가오는 영
광을 누리는 사람입니다. 내가 드릴 말씀은 이것입니다. 여
러분은 목자의 근면함으로 하나님의 양 떼를 보살피십시오.
억지로 하는 것이 아니라, 하나님을 기쁘시게 해드리려는
마음으로 하십시오. 얼마나 이익을 얻게 될지 따져 보고 하

는 것이 아니라, 자발적으로 하십시오. 위세를 부리듯 사람들에게 무엇을 시키는 것이 아니라, 부드러운 자세로 모범을 보이십시오.

4-5 모든 목자 가운데 으뜸이신 하나님께서 오셔서 다스리실 때, 그분은 여러분이 일을 제대로 한 것을 보시고 여러분을 아낌없이 칭찬하실 것입니다. 젊은 사람들은 지도자를 따라야 합니다. 그러나 지도자와 따르는 사람 모두가 서로에게 겸손해야 합니다.

하나님께서 교만한 사람은 물리치시지만
겸손한 사람은 기뻐하십니다.

6-7 그러므로 여러분은 자신의 모습에 만족하고, 거들먹거리지 마십시오. 하나님의 강한 손이 여러분 위에 있으니, 때가 되면 그분께서 여러분을 높이실 것입니다. 하나님께서 여러분을 세심하게 돌보고 계시니, 아무것도 근심하지 말고 하나님 앞에서 사십시오.

깨어 있으십시오

8-11 냉정을 유지하십시오. 깨어 있으십시오. 마귀가 덤벼들 태세를 하고 있습니다. 여러분의 방심을 틈타는 것보다 마귀가 좋아하는 것도 없습니다. 바짝 경계하십시오. 여러분만 고난에 처한 것이 아닙니다. 세계 도처에 있는 그리스도

인들이 같은 고난을 겪고 있습니다. 그러니 믿음을 굳게 붙 드십시오. 고난이 영원히 지속되지는 않을 것입니다. 그리 스도 안에서 우리를 위한 큰 계획—영원하고 영광스러운 계 획!—을 세우신 은혜의 하나님께서, 여러분을 온전하게 하 시고 여러분을 영원토록 세워 주실 날이 멀지 않았습니다. 그분께서 최종 결정권을 쥐고 계십니다. 예, 그렇습니다.

¹² 나는 가장 믿을 만한 형제인 실루아노에게 부탁해 이 짧 은 편지를 여러분에게 보냅니다. 그는 내가 대단히 존경하 는 사람입니다.

나는 내가 아는 바를 절박한 심정으로 정확하게 썼습니다. 이것은 은혜로우신 하나님의 진리이니, 여러분의 두 팔로 끌어안으십시오!

¹³⁻¹⁴ 이곳에서 나와 함께 나그네 삶을 살고 있지만, 하나님 께 잠시도 잊혀진 적 없는 교회가 여러분에게 문안합니다. 나에게 아들이나 다름없는 마가도 안부를 전합니다. 거룩한 포옹으로 서로 인사하십시오! 그리스도의 길을 걷는 여러 분 모두에게 평화가 있기를 바랍니다.

베드로후서

1

1-2 나 시몬 베드로는, 예수 그리스도의 종이며 사도입니다. 나는 우리 하나님의 직접적인 돌보심과 우리 하나님과 구주이신 예수 그리스도의 간섭하심에 힘입어, 우리처럼 하나님을 경험하여 삶이 변화되고 있는 여러분에게 이 편지를 씁니다. 하나님과 우리 주 예수를 더욱 깊이 경험함으로, 은혜와 평화가 여러분에게 임하기를 바랍니다.

하나님께 받은 초청과 약속

3-4 우리는 하나님을 기쁘시게 해드리는 삶에 어울리는 모든 것을 기적적으로 받았습니다. 그것은 우리를 하나님께로 초청해 주신 분을 우리가 직접 친밀하게 알았기 때문입니다. 그분의 초청은, 이제껏 우리가 받은 초청 가운데 최고의 초

청입니다! 또한 우리는 여러분에게 전해 줄 멋진 약속도 받았습니다. 그 약속은, 여러분이 욕망으로 얼룩진 세상에 등을 돌리고 하나님의 생명에 참여할 수 있는 입장권입니다.

5-9 그러니 한 순간도 놓치지 말고, 여러분이 받은 것을 의지하십시오. 여러분의 믿음의 기초 위에 선한 성품, 영적 이해력, 빈틈없는 절제, 힘찬 인내, 놀라운 경건, 따뜻한 형제애, 너그러운 사랑을 더하십시오. 이것들 하나하나는 서로 조화를 이루고, 다른 것들을 발전시키니 말입니다. 이러한 자질들이 여러분의 삶 속에서 활발하게 자라나면, 여러분은 우리 주 예수를 경험하면서 성숙해 가는 일에 기회를 놓치거나 단 하루도 헛되이 흘려보내지 않을 것입니다. 이러한 자질들을 갖추지 못하면, 여러분은 자기 바로 앞에 놓인 장애물을 보지 못하고, 자신의 죄악된 옛 삶이 깨끗해졌음을 잊어버린 사람이 되고 말 것입니다.

10-11 그러니 친구 여러분, 하나님께서 여러분을 초청하고 선택하신 것이 옳았음을 입증해 보이십시오. 미루지 말고, 지금 당장 그렇게 하십시오. 그러면 여러분은 확고한 토대, 곧 우리 주님이시며 구주이신 예수 그리스도의 영원한 나라를 향해 활짝 열려 있는 포장된 길에서 생명을 얻게 될 것입니다.

어두운 시절에 만난 한줄기 빛

12-15 여러분이 이제껏 이 모든 진리를 알고 안팎으로 실천해 왔지만, 때가 위태로우니 나는 잠시도 멈추지 않고 여러분

의 주의를 환기시키려고 합니다. 여러분을 자주 일깨워 방심하지 않게 하는 것, 이것이 내게 주어진 임무입니다. 나는 살아 있는 동안 이 일에 충실할 것입니다. 주님께서 분명하게 일러 주신 대로, 나는 조만간 내가 죽게 되리라는 것을 압니다. 내가 특별히 바라는 것은, 여러분이 이 모든 것을 문서화했으면 하는 것입니다. 내가 이 세상을 떠난 뒤에도, 여러분이 언제든지 찾아볼 수 있게 말입니다.

16-18 여러분도 알다시피, 우리가 우리 주 예수 그리스도의 강력한 재림과 관련된 사실을 여러분에게 제시할 때, 별에게 빌고 한 것이 아니었습니다. 우리는 이미 그 일을 미리 보았습니다! 하나님 아버지께로부터 빛을 받아 찬란하게 빛나는 예수를 우리 두 눈으로 똑똑히 보았습니다. 그때, 장엄하고 영광스러운 분께서 이렇게 말씀하셨습니다. "이는 내가 사랑으로 구별한 내 아들, 내 모든 기쁨의 근원이다." 우리는 거룩한 산에서 그분과 함께 있었습니다. 하늘로부터 들려오는 음성을 우리의 두 귀로 똑똑히 들었습니다.

19-21 우리는 우리가 보고 들은 것을 확신합니다. 그것은 하나님의 영광, 하나님의 음성이었습니다. 예언의 말씀이 우리에게 확증되었습니다. 여러분도 그 말씀에 주의를 집중해야 합니다. 그것은 여러분의 어두운 시절, 곧 여러분의 마음속에 새벽이 와서 새벽별이 떠오르기를 기다리던 시절에, 여러분이 만난 한줄기 빛입니다. 여기서 꼭 명심해야 할 것이 있습니다. 성경의 예언은 사적인 의견을 제시한 것이 아

닙니다. 왜 그렇습니까? 예언은 사람의 마음에서 꾸며 낸 것이 아니기 때문입니다. 예언은 성령께서 사람들을 격려하여 하나님의 말씀을 전하게 할 때 생겨난 것입니다.

거짓 종교 지도자들

2 1-2 그러나 전에 백성 가운데 거짓 예언자들이 있었던 것처럼, 여러분 가운데에도 거짓 종교 지도자들이 나타날 것입니다. 그들은 은근슬쩍 파괴적인 분열을 일으켜서, 여러분을 서로 다투게 하고 생명을 되찾을 기회를 주신 분의 손을 물어뜯게 할 것입니다! 그들은 파멸로 이어진 가파른 비탈길에 서 있습니다. 그러나 그들은 파멸하기 전까지, 옳고 그름을 구별하지 못하는 추종자들을 많이 모을 것입니다.

2-3 그들 때문에 진리의 길이 욕을 먹습니다. 그들은 자기만 아는 자들입니다. 그들은 무엇이든 그럴싸한 말로 여러분을 이용해 먹을 것입니다. 물론, 그들은 무사하지 못하고 불행한 최후를 맞을 것입니다. 그런 일이 계속되도록 하나님께서 두고 보고만 계시지 않기 때문입니다.

4-5 하나님께서는 반역한 천사들을 가볍게 넘기지 않으셨습니다. 그들을 지옥에 가두셔서, 최후 심판의 날까지 갇혀 있게 하셨습니다. 또한 그분은 경건치 못한 옛 세상도 가볍게 넘기지 않으셨습니다. 홍수로 쓸어버리시고, 오직 여덟 명만 살려 주셨습니다. 혼자서 의를 부르짖던 노아가 그중 한

사람이었습니다.

6-8 하나님께서 소돔과 고모라 두 도성을 멸망시키기로 작정하시자, 남은 것은 잿더미뿐이었습니다. 그것은 경건치 못한 삶에 빠져 있는 사람 누구에게나 보내는 끔찍한 경고였습니다. 그러나 성적으로 더럽고 사악한 자들 때문에 몹시 괴로워하던 선한 사람 롯은 구원을 받았습니다. 저 의로운 사람은 날마다 도덕적인 부패에 둘러싸여 끊임없이 괴로움을 겪고 있었던 것입니다.

9 이처럼 하나님께서는 경건한 사람들을 악한 시련에서 건져 내시는 분입니다. 또한 그분은, 사악한 자들의 벌을 최후 심판의 날까지 불 속에 붙들어 두시는 분입니다.

먹이를 찾아 어슬렁거리는 약탈자들

10-11 하나님께서는 특히 더러운 생활방식에 빠져서 정욕을 따라 살아가는 거짓 교사들에게 진노하십니다. 그들은 참된 권위를 멸시하고, 간섭받기를 싫어합니다. 그들은 거만하고 자기만 아는 자들이어서, 피조물 가운데 가장 빛나는 이들마저 서슴없이 헐뜯습니다. 모든 면에서 그들보다 뛰어난 천사들조차도 그런 식으로 거만하게 굴거나, 하나님 앞에서 다른 이들을 헐뜯을 생각을 하지 않습니다.

12-14 이들은 광야에서 태어난 사나운 짐승이며, 먹이를 찾아 어슬렁거리는 약탈자에 불과합니다. 그들은 무식한 독설로 남을 파멸시키지만, 바로 그 행위로 자신들도 파멸당

하고 결국에는 패배자가 되고 말 것입니다. 그들의 악행이 부메랑이 되어 그들에게 돌아갈 것입니다. 그들은 난잡한 파티를 즐기고, 환한 대낮에도 흥청망청 쾌락에 빠진 비루한 자들입니다. 그들은 간음을 일삼고, 죄짓기를 밥 먹듯 하며, 연약한 영혼을 만날 때마다 유혹합니다. 탐욕이 그들의 전공입니다. 그들은 그 방면의 전문가들입니다. 죽은 영혼들입니다!

15-16 그들은 큰길에서 벗어나 방향을 잃었고, 브올의 아들 발람의 길을 따랐습니다. 발람은 예언자이면서도 불의한 이득을 취하여 악의 전문가가 되고 말았습니다. 그는 제멋대로 길을 가다가 제지당했습니다. 말 못하는 짐승이 인간의 목소리로 말해서, 그 예언자의 미친 행동을 막은 것입니다.

17-19 그들에게는 아무것도 없습니다. 그들은 바싹 마른 샘이며, 폭풍에 흩어지는 구름입니다. 그들은 지옥의 블랙홀을 향해 나아갑니다. 그들은 허풍이 잔뜩 들어 잘난 체하며 큰소리치지만, 아주 위험한 자들입니다. 그릇된 생활에서 막 벗어난 사람들이 그들의 상표인 유혹에 가장 쉽게 넘어갑니다. 그들은 이 새내기들에게 자유를 약속하지만, 정작 자신들은 부패의 종입니다. 그들이 부패에 빠져 있다면—실제로 그러합니다—부패의 종 노릇을 하게 되기 때문입니다.

20-22 그들이 우리 주님이시며 구주이신 예수 그리스도를 경험함으로써 죄의 구렁에서 벗어났다가 다시 예전 삶으로 되돌아가면, 그 사람의 상태는 전보다 더 나빠질 것입니다. 떠

났다가 되돌아가서 자기가 경험했던 것과 거룩한 계명을 거부하느니, 차라리 하나님께로 난 곧은길에 들어서지 않는 편이 더 나았을 것입니다. "개는 자기가 토해 놓은 곳으로 되돌아간다"는 속담과 "돼지가 말끔히 씻고 나서 다시 진창으로 향한다"는 속담을, 그들이 증명하고 있습니다.

마지막 때

3 ¹⁻² 사랑하는 친구 여러분, 이 편지는 내가 여러분에게 두 번째로 쓰는 편지입니다. 나는 이 두 편지를 통해 여러분이 마음을 빼앗기지 않도록 여러분을 일깨우고자 합니다. 거룩한 예언자들의 말과 여러분의 사도들이 전해 준 우리 주님이신 구주의 계명을 명심하십시오.

³⁻⁴ 무엇보다 이것을 알아 두십시오. 마지막 때에 조롱하는 자들이 나타나서 전성기를 누릴 것입니다. 그들은 모든 것을 자기들의 보잘것없는 감정 수준으로 끌어내려, "그분께서 다시 오겠다고 약속했는데, 어찌 된 거요? 우리 조상들이 죽어서 땅에 묻혀 있고, 모든 것이 창조 첫날 이래로 그대로이지 않소? 변한 것이 하나도 없잖소?" 하고 조롱할 것입니다.

⁵⁻⁷ 그러나 그들이 쉽게 잊어버리는 사실이 있습니다. 모든 천체와 이 지구가 오래전 하나님의 말씀을 통해 물로 덮인 혼돈에서 생겨났다는 것입니다. 그런 다음, 하나님의 말씀이 다시 홍수로 혼돈을 일으켜 세상을 파멸시켰습니다. 지

금 있는 천체와 지구는 마지막 불 심판 때 쓰일 연료입니다. 하나님께서 다시 말씀하실 준비를 하고 계십니다. 하나님을 모독하는 회의론자들을 심판하고 멸망시키겠다는 신호를 보내고 계신 것입니다.

하나님의 심판 날

8-9 친구 여러분, 이 분명한 사실을 그냥 지나치지 마십시오. 하나님께는 하루가 천 년 같고, 천 년이 하루 같습니다. 어떤 이들이 생각하는 것처럼, 하나님께서는 자신의 약속을 더디 이루시는 분이 아닙니다. 그분은 여러분을 위해 참고 계십니다. 그분께서 종말을 유보하고 계신 것은, 한 사람도 잃고 싶지 않으시기 때문입니다. 하나님께서는 모든 이들에게 삶을 고칠 수 있는 시간과 공간을 베풀고 계십니다.

10 그러나 하나님의 심판 날이 닥칠 때에는, 아무 예고 없이 도둑처럼 닥칠 것입니다. 하늘이 천둥 같은 소리를 내면서 무너지고, 모든 것이 큰 화염에 휩싸여 분해되며, 땅과 그 안에서 이루어진 모든 것이 낱낱이 드러나 심판을 받을 것입니다.

11-13 오늘 이 세상에 있는 모든 것은 내일이면 없어지고 말 것입니다. 그러니 거룩하게 사는 것이 얼마나 중요한지 아시겠습니까? 날마다 하나님의 날을 기다리고, 그날이 오기를 간절한 마음으로 바라십시오. 그날이 오면 천체가 불타 없어지고, 원소들이 녹아내릴 것입니다. 그러나 우리는

거의 알아채지 못할 것입니다. 우리는 다른 길을 바라보면서, 하나님께서 약속하신 새 하늘과 새 땅, 의로 뒤덮인 새 하늘과 새 땅을 맞이할 것입니다.

❧

14-16 사랑하는 친구 여러분, 여러분이 손꼽아 기다려야 할 것은 이런 것입니다. 그러니 순결하고 평화롭게 살아가는 최상의 모습으로 그분을 뵐 수 있도록, 최선을 다하십시오. 우리 주님께서 오래 참고 계신 것은 구원 때문이라고 생각하십시오. 이 문제와 관련해 많은 지혜를 받은 이가 우리의 귀한 형제 바울입니다. 그는 자신의 모든 편지에서 이 문제를 언급하고 있으며, 여러분에게도 본질적으로 같은 내용을 써 보냈습니다. 바울이 편지에서 다루고 있는 것 가운데 몇 가지는 이해하기가 쉽지 않습니다. 자신들이 무슨 말을 하는지도 모르면서 무책임하게 떠드는 사람들이 그 편지들을 함부로 왜곡하기도 합니다. 그들은 성경의 다른 구절에 대해서도 그렇게 하다가 스스로를 파멸시키고 있습니다.

17-18 그러나 친구 여러분, 여러분은 이미 훈계를 잘 받았습니다. 자기 마음대로 떠드는 불의한 교사들로 인해 발을 헛디며 넘어지는 일이 없도록, 정신을 바짝 차리십시오. 우리 주님이시며 구주이신 예수 그리스도의 은혜와, 그분을 아는 지식 안에서 자라 가십시오.

영광이 이제부터 영원토록, 주님께 있기를 바랍니다! 아멘!

살면서 가장 정리하기 어려운 두 가지 문제는, 사랑과 하나님이다. 대개 사람들이 삶을 망치는 이유는, 그 두 가지 문제 가운데 한쪽 또는 양쪽에서 실패하거나, 그 문제와 관련해서 어리석게 처신하거나 속 좁게 행동하기 때문이다.

기독교의 기본적이면서도 성경적인 확신은, 두 주제가 서로 밀접하게 연결되어 있다는 것이다. 하나님을 바르게 섬기려면, 제대로 사랑하는 법을 익혀야 한다. 제대로 사랑하려면, 하나님을 바르게 섬겨야 한다. 하나님과 사랑은 서로 떼어 놓고 생각할 수 없다. "사랑은 그분의 계명을 따라 사는 것입니다. 그분의 계명을 하나로 줄여 말하면 이렇습니다. '사랑 안에서 삶을 경영하라'"(요이 5-6절).

요한이 보낸 세 통의 편지는 그 일을 제대로 하는 데 필요한 지침을 놀라우리만치 명백하게 제공한다. 그 초점은 메시아 예수이시다. 예수께서는 하나님에 대한 풍성하고도 참된 이해를 제공하신다. 그분은 우리에게 사랑으로 이루어진 성숙을 보여주신다. 하나님과 사랑은 예수 안에서 빈틈없이 연결되고 얽혀 있어서, 서로 뗄 수 없는 관계다. "예수가 하나님의 아들이심을 시인하면, 누구나 하나님과의 친밀한 사귐에 끊임없이 참여하게 됩니다"(요일 4:15).

그러나 예수께서 계시하신 하나님, 예수께서 계시하신 사랑에 구속받기를 싫어하는 사람들이 있게 마련이다. 그들은 자기 방식으로 하나님을 생각하고, 자기 방식으로 사랑하려고 한다. 요한은 그러한 사람들 때문에 혼란을 겪고 있는 교회의 목회자였다. 우리는 그의 편지들을 읽으면서, 그가 하나님과 사랑의 긴밀한 일치를 다시 회복하고 있음을 보게 된다. 이제 하나님과 사랑이 하나인 것이 예수 그리스도 안에서 분명하게 드러나고, 우리는 그것을 경험하게 된다.

요한일서

1 ¹⁻² 우리는 첫날부터 거기 있으면서, 그 모든 것을 받아들였습니다. 우리는 그 모든 것을 두 귀로 듣고, 두 눈으로 보고, 두 손으로 확인했습니다. **생명의 말씀**이 우리 눈앞에 나타나셨습니다. 우리는 그것을 똑똑히 보았습니다! 이제 우리가 목격한 것을 여러분에게 과장 없이 있는 그대로 말씀드리겠습니다. 너무나 놀랍게도, 하나님 자신의 무한하신 생명이 우리 앞에 모습을 드러냈습니다.

³⁻⁴ 우리가 그것을 보고 듣고서 이제 여러분에게 전하는 것은, 우리와 더불어 여러분도 아버지와 그분의 아들이신 예수 그리스도와의 사귐을 경험하게 하려는 것입니다. 우리가 이 편지를 쓰는 목적은, 여러분도 이 사귐을 누리게 하려는 것입니다. 그러면 여러분의 기쁨으로 인해 우리의 기쁨이

두 배가 될 테니까요!

빛 가운데로 걸어가십시오

5 우리가 그리스도에게서 듣고 여러분에게 전하는 메시지의 핵심은 이것입니다. 하나님은 빛, 순전한 빛이십니다. 그분 안에는 어둠의 흔적조차 없습니다.

6-7 우리가 하나님과 함께하는 삶을 경험한다고 주장하면서 어둠 속에서 넘어지기를 반복한다면, 우리는 뻔뻔스러운 거짓말을 하는 것이 분명하며 자신의 말대로 살지 않은 것입니다. 그러나 하나님은 빛이시니, 우리가 그 빛 가운데로 걸어가면 우리는 서로 함께하는 삶을 경험하게 되고, 하나님의 아들이신 예수께서 흘리신 희생의 피가 우리의 모든 죄를 깨끗게 해줄 것입니다.

8-10 우리가 죄 없다고 주장하면, 우리는 스스로를 속이는 것입니다. 그 같은 주장은 터무니없이 잘못된 생각입니다. 그러나 우리가 우리 죄를 인정하고 남김없이 고백하면, 그분은 진실하신 분이시니 우리를 저버리지 않으실 것입니다. 그분께서 우리 죄를 용서해 주시고, 우리의 모든 잘못을 깨끗게 해주실 것입니다. 우리가 죄지은 적이 한 번도 없다고 주장하면, 우리는 하나님을 철저하게 부인하고 그분을 거짓말쟁이로 만드는 것입니다. 그 같은 주장은, 우리가 하나님을 알지 못한다는 것을 드러낼 뿐입니다.

2 ¹⁻² 사랑하는 자녀 여러분, 내가 이 편지를 쓰는 것은 여러분을 죄에서 이끌어 내기 위해서입니다. 그러나 누가 죄를 짓더라도 우리에게는 아버지 앞에서 제사장이며 친구이신 분이 계시니, 그분은 의로우신 예수 그리스도이십니다. 그분께서 우리 죄를 위해 희생 제물이 되심으로 죄 문제를—우리의 죄뿐 아니라 온 세상의 죄까지—영원토록 해결하셨습니다.

새 계명

²⁻³ 그분의 계명을 지키십시오. 우리가 하나님을 제대로 안다고 확신할 수 있는 방법은 그것뿐입니다.

⁴⁻⁶ 어떤 사람이 "나는 하나님을 잘 알아!" 하면서도 그분의 계명을 지키지 않는다면, 그는 분명 거짓말쟁이입니다. 그의 삶과 말이 일치하지 않는 것입니다. 그러나 하나님의 말씀을 지키는 사람에게는 하나님의 성숙한 사랑이 보이게 마련입니다. 그것이야말로 우리가 하나님 안에 있음을 확신할 수 있는 유일한 길입니다. 자신이 하나님과 친밀하다고 말하는 사람은, 예수께서 사신 것과 같은 삶을 살아야 합니다.

⁷⁻⁸ 사랑하는 친구 여러분, 내가 이 편지에 새로운 내용을 쓰는 것이 아닙니다. 이것은 성경에 기록된 가장 오래된 계명이며, 여러분이 처음부터 알고 있던 계명입니다. 이 계명은 여러분이 들은 **메시지**에도 항상 담겨 있습니다. 그러나 이 계명은, 어쩌면 그리스도와 여러분 안에서 새롭게

만들어진 계명인지도 모르겠습니다. 어둠이 물러가고 이미 참 빛이 반짝이고 있으니 말입니다!

9-11 하나님의 빛 가운데 산다고 하면서 형제나 자매를 미워하는 사람은 여전히 어둠 가운데 있는 사람입니다. 형제자매를 사랑하는 사람은 하나님의 빛 가운데 머물러 있으며, 그 빛이 다른 사람들에게 비치는 것을 가로막지 않습니다. 그러나 형제자매를 미워하는 사람은 여전히 어둠 속에 있고, 어둠 속에서 넘어지며, 자기가 어디로 가는지 알지 못합니다. 어둠이 그의 눈을 가렸기 때문입니다.

세상을 사랑하지 마십시오

12-13 사랑하는 자녀 여러분, 여러분에게 이것을 일깨워 드립니다. 여러분의 죄가 예수의 이름으로 용서받았습니다. 믿음의 선배 여러분, 가장 먼저 첫발을 내디딘 여러분은 이 모든 일을 시작하신 분을 알고 있습니다. 믿음의 후배 여러분, 여러분은 악한 자와 싸워 큰 승리를 거두었습니다.

13-14 사랑하는 자녀 여러분, 여러분에게 두 번째로 일깨워 드릴 것은 이것입니다. 여러분은 개인적인 경험을 통해 아버지를 알고 있습니다. 믿음의 선배 여러분, 여러분은 이 모든 일을 시작하신 분을 알고 있습니다. 믿음의 후배 여러분, 여러분은 참으로 활기차고 힘이 넘치는군요! 하나님의 말씀이 여러분 안에 확고하게 자리 잡고 있습니다. 여러분은 하나님과의 사귐에서 힘을 얻어 악한 자와 싸워 승리를 거

둘 것입니다.

15-17 세상의 방식을 사랑하지 마십시오. 세상의 것을 사랑하지 마십시오. 세상을 사랑하는 마음이 아버지를 사랑하는 마음을 밀어냅니다. 세상에서 통용되는 모든 것—자기 마음대로 살려 하고, 모든 것을 자기 뜻대로 하려 하고, 잘난 체하는 욕망—은, 아버지와 아무 상관이 없습니다. 그런 것은 여러분을 그분께로부터 고립시킬 뿐입니다. 세상과 세상의 멈출 줄 모르는 욕망도 다 사라지지만, 하나님이 바라시는 일을 행하는 사람은 영원히 남습니다.

적그리스도의 출현

18 자녀 여러분, 때가 거의 되었습니다. 여러분은 적그리스도가 출현할 것이라는 말을 들었습니다. 이제 여러분의 눈 닿는 곳 어디에나 적그리스도들이 있습니다. 이것을 보고 우리는, 마지막 때가 가까웠다는 것을 압니다.

19 그들이 우리에게서 떠나갔지만, 실제로 우리와 함께한 적은 없었습니다. 그들이 정말로 우리와 함께했다면, 끝까지 우리와 함께 남아 충실했을 것입니다. 우리를 떠나감으로써, 그들은 자신의 본색을 드러냈고, 우리에게 속하지 않았음을 보여준 것입니다.

20-21 그러나 여러분은 우리에게 속했습니다. 거룩하신 분께서 여러분에게 기름을 부으셨고, 여러분 모두가 그것을 알고 있습니다. 내가 이 편지를 쓰는 것은, 여러분이 알지 못

하는 무언가를 알려 주려는 것이 아니라, 여러분이 알고 있
는 진리를 확인시키고, 그 진리가 거짓을 낳지 않음을 일깨
우려는 것입니다.

22-23 누가 거짓말을 하는 자입니까? 예수가 하나님의 그리
스도이심을 부인하는 자입니다. 아버지를 부인하고 아들을
부인하는 자, 그가 바로 적그리스도입니다. 아들을 부인하
는 자는 아버지와 전혀 관계없는 사람이며, 아들을 시인하
는 자는 아버지까지도 받아들인 사람입니다.

24-25 여러분이 처음부터 들은 메시지를 간직하십시오. 그것
이 여러분의 삶에 스며들게 하십시오. 처음부터 들은 그 메
시지가 여러분 안에 생생히 살아 있으면, 여러분은 아들과
아버지 안에서 충만한 삶을 살게 될 것입니다. 바로 이것이
그리스도께서 약속하신 영원한 생명, 참된 생명입니다!

26-27 나는 여러분을 속이려는 사람들이 있다는 것을 경고하
기 위해 이렇게 썼습니다. 그러나 그들은 여러분 안에 깊이
새겨진 그리스도의 기름부으심에 전혀 상대가 되지 못합니
다. 여러분에게는 저들의 가르침이 필요하지 않습니다. 그
리스도의 기름부으심이, 여러분 자신과 그분에 대해 알아야
할 모든 진리, 곧 거짓에 조금도 물들지 않은 진리를 가르
쳐 줍니다. 그러니 여러분이 받은 가르침 안에 깊이 머물러
사십시오.

하나님의 참된 자녀

²⁸ 자녀 여러분, 그리스도와 함께 머물러 있으십시오. 그리
스도 안에 깊이 머물러 사십시오. 그러면 그분이 나타나실
때 그분을 만날 준비, 두 팔 벌려 그분을 맞을 준비가 되어
있는 것입니다. 그분이 오실 때, 죄 때문에 부끄러워 낯을
붉히거나 서투른 변명을 늘어놓지 않아도 될 것입니다.
²⁹ 그분께서 옳고 의로우신 분이심을 확신한다면, 여러분은
의를 행하는 사람마다 하나님의 참된 자녀임을 깨닫게 될
것입니다.

3 ¹ 아버지께서 우리에게 펼쳐 보이신 사랑은 실로 놀
라운 사랑이 아닐 수 없습니다! 그 사랑을 바라보십
시오. 우리가 하나님의 자녀라 불리게 되었습니다! 참으로
우리는 하나님의 자녀입니다. 세상이 우리를 알아주지 않고
우리를 진지하게 대하지 않는 것은, 하나님이 누구시며 그
분이 무슨 일을 하시는지 세상이 알지 못하기 때문입니다.
²⁻³ 그러나 친구 여러분, 우리는 분명 하나님의 자녀입니다.
그것은 단지 시작일 뿐입니다. 우리의 끝이 어떻게 될지는
아무도 모릅니다! 다만 우리가 아는 것은, 그리스도께서 밝
히 나타나실 때 우리가 그분을 뵐 것이며, 그분을 뵐 때 우
리도 그분과 같이 되리라는 것입니다. 그분의 오심을 손꼽
아 기다리는 우리는, 순결하게 빛나는 예수의 삶을 모범으

로 삼아 우리의 삶을 준비합니다.

4-6 죄악된 삶에 빠진 사람은 누구나 위험한 무법자입니다. 하나님의 질서를 어지럽히는 것은 죄입니다. 그리스도께서 죄를 없애기 위해 오셨다는 것을 여러분은 잘 알고 있습니다. 그분 안에는 죄가 없습니다. 죄는 그분께서 세우신 계획의 일부가 아닙니다. 그리스도 안에 깊이 머물며 사는 사람 가운데 습관처럼 죄를 짓는 사람은 하나도 없습니다. 습관처럼 죄를 짓는 사람은 그리스도를 제대로 보지 못했고, 그분을 전혀 알지 못하는 자입니다.

7-8 그러므로 사랑하는 자녀 여러분, 누군가의 유혹을 받아서 진리에서 벗어나는 일이 없게 하십시오. 우리가 의로우신 메시아의 삶에서 본 것처럼, 의를 행하는 사람이 의로운 사람입니다. 습관처럼 죄를 짓는 사람은 죄짓는 일의 개척자인 마귀에게서 난 사람입니다. 하나님의 아들이 오신 것은 마귀의 길을 멸하시기 위해서입니다.

9-10 하나님에게서 나서 생명에 들어간 사람들은 습관처럼 죄를 짓지 않습니다. 어째서 그렇습니까? 하나님의 씨가 그들 깊은 곳에 자리하여, 그들을 지금의 모습으로 만들어 가기 때문입니다. 죄를 짓거나 자랑하는 것은 하나님에게서 난 사람들의 본성이 아닙니다. 하나님의 자녀와 마귀의 자녀를 구별하는 방법이 있습니다. 의로운 삶을 살지 않는 자는 하나님에게서 난 사람이 아닙니다. 형제나 자매를 사랑하지 않는 자도 그러합니다. 간단한 기준이 아닙니까?

❦

¹¹ 서로 사랑하십시오. 이것이 우리가 처음부터 들은 메시지입니다.

¹²⁻¹³ 우리는 악한 자와 손잡고 자기 동생을 죽인 가인처럼 되어서는 안됩니다. 그가 왜 동생을 죽였습니까? 그는 악한 일에 깊이 빠져 있었고, 그의 동생이 한 행위는 의로웠기 때문입니다. 그러니 친구 여러분, 세상이 여러분을 미워해도 놀라지 마십시오. 그런 일은 오래전부터 계속 있어 온 일입니다.

¹⁴⁻¹⁵ 형제자매를 사랑하면, 그것으로 우리가 죽음에서 생명으로 옮겨졌다는 것을 알 수 있습니다. 사랑하지 않는 사람은 죽은 사람과 같습니다. 형제나 자매를 미워하는 사람은 살인하는 자입니다. 영원한 생명과 살인이 서로 어울리지 않는다는 것을, 여러분은 잘 알고 있습니다.

¹⁶⁻¹⁷ 그리스도께서 우리를 위해 자기 목숨을 희생하신 것을 보고, 우리는 사랑을 이해하고 경험하게 되었습니다. 그러므로 우리도 자기 자신만 위하는 것이 아니라, 믿는 동료들을 위해 희생하며 살아야 합니다. 곤경에 처한 형제나 자매를 보고서, 도울 방법이 있는 여러분이 그들을 냉대하고 아무것도 도와주지 않는다면, 하나님의 사랑은 어찌 되겠습니까? 사라지고 말 것입니다. 여러분이 하나님의 사랑을 사라지게 한 것입니다.

참된 사랑의 실천

18-20 사랑하는 자녀 여러분, 사랑에 대해 말만 하지 말고 참된 사랑을 실천하십시오. 그것만이 우리가 참되게 살고 있으며, 실제로 하나님 안에 살고 있음을 알 수 있는 유일한 길입니다. 또한 그것은 스스로를 비판할 일이 생기더라도, 그 힘겨운 자기비판을 멈추게 하는 길이기도 합니다. 하나님은 우리의 근심하는 마음보다 크시며, 우리 자신보다 우리를 더 잘 아시기 때문입니다.

21-24 친구 여러분, 그렇게 마음을 살핀 뒤에 더 이상 우리가 자책하거나 스스로를 정죄하지 않으면, 우리는 하나님 앞에서 담대하고 자유롭게 됩니다. 손을 내밀어, 우리가 구한 것을 받을 수 있습니다. 그것은 우리가 하나님의 말씀을 행하고 그분을 기쁘시게 해드리는 일을 하기 때문입니다. 다시 말씀드리지만, 하나님의 계명은 이것입니다. 곧 하나님께서 친히 이름 지어 주신 아들 예수 그리스도를 믿는 것입니다. 그리스도께서 우리에게 말씀하신 것은, 처음 받은 계명대로 서로 사랑하라는 것입니다. 우리가 그리스도의 계명을 지키면, 우리는 그분 안에서 충만히 살고, 그분도 우리 안에 사십니다. 이렇게 우리는 그분이 주신 성령을 힘입어, 그리스도께서 우리 안에 깊이 머무르고 계심을 경험합니다.

적그리스도의 영

4 ¹ 사랑하는 친구 여러분, 들려오는 말을 다 믿지 마십시오. 사람들이 여러분에게 하는 말을 신중히 생각하고 따져 보십시오. 하나님에 대해 이야기한다고 해서 모두가 하나님에게서 난 사람은 아닙니다. 수많은 거짓 설교자들이 이 세상을 활보하고 있습니다.

²⁻³ 참 하나님의 영을 가려내는 기준이 있습니다. 예수 그리스도, 곧 하나님의 아들이 살과 피를 지닌 진짜 사람으로 오신 것을 믿는다고 공개적으로 시인하는 사람은, 누구나 하나님에게서 나서 하나님께 속한 사람입니다. 그러나 예수를 믿는다고 시인하지 않는 사람은, 누구든지 하나님과 아무 관계가 없습니다. 이것이 바로 적그리스도의 영입니다. 여러분은 적그리스도가 오리라는 말을 들었습니다. 그런데 그 영이 우리가 생각한 것보다 빨리 왔습니다!

⁴⁻⁶ 사랑하는 자녀 여러분, 여러분은 하나님에게서 나서 하나님께 속해 있습니다. 여러분은 이미 저 거짓 교사들과 싸워 큰 승리를 거두었습니다. 여러분 안에 계신 성령께서 이 세상 그 어떤 것보다 더 강하시기 때문입니다. 저 거짓 교사들은 그리스도를 부인하는 세상에 속해 있습니다. 그들은 세상의 언어를 말하고, 세상은 그들의 언어를 먹고 자랍니다. 그러나 우리는 하나님에게서 나서 하나님께 속해 있습니다. 하나님을 아는 사람은 누구나 우리의 말을 이해하고 듣습니다. 물론 하나님과 아무 관계가 없는 자는

우리의 말을 듣지 않습니다. 이것이 진리의 영과 속이는 영을 구별하는 또 하나의 기준입니다.

하나님은 사랑이십니다

7-10 사랑하는 친구 여러분, 사랑은 하나님에게서 오는 것이니, 사랑하기를 멈추지 마십시오. 사랑하는 사람은 모두 하나님에게서 나서 하나님과의 사귐을 경험합니다. 사랑하지 않는 사람은 하나님에 대해 아무것도 알지 못하는 자입니다. 하나님은 사랑이시기 때문입니다. 그러니 여러분도 사랑하지 않으면 그분을 알 수 없습니다. 하나님께서 우리를 향하신 그분의 사랑을 이렇게 보이셨습니다. 하나님께서 하나뿐인 자기 아들을 세상에 보내셔서, 우리로 그 아들을 통해 살게 하신 것입니다. 우리가 말하려는 사랑은 이런 사랑입니다. 우리는 한 번도 하나님을 사랑해 본 적이 없습니다. 그럼에도 우리를 사랑하신 하나님께서 자기 아들을 희생 제물로 보내 주심으로, 우리 죄뿐 아니라 그 죄가 하나님과 우리의 관계에 입힌 상처까지 깨끗이 없애 주신 것입니다.

11-12 내가 사랑하고 사랑하는 친구 여러분, 하나님께서 이처럼 우리를 사랑하셨으니, 우리도 서로 사랑하는 것이 마땅합니다. 지금까지 하나님을 본 사람은 아무도 없습니다. 그러나 우리가 서로 사랑하면 하나님께서 우리 안에 깊이 머무르시고, 그분의 사랑이 우리 안에 완성되어 완전한 사랑이 됩니다!

13-16 하나님께서 우리에게 자신의 생명, 자신의 영에서 난 생명을 주셨습니다. 이것으로 우리는, 우리가 그분 안에서 변함없이 충만하게 살고 있는 것과, 그분이 우리 안에 살고 계신 것을 압니다. 또한 우리는 아버지께서 자기 아들을 세상의 구주로 보내신 것을 직접 보았고, 그것을 공개적으로 증언합니다. 예수가 하나님의 아들이심을 시인하면, 누구나 하나님과의 친밀한 사귐에 끊임없이 참여하게 됩니다. 우리는 이것을 너무도 잘 압니다. 우리는 하나님에게서 오는 이 사랑을, 마음과 영혼을 다해 껴안았습니다.

사랑하고 사랑받으십시오

17-18 하나님은 사랑이십니다. 우리가 사랑의 삶 속에 영원히 살기로 작정하면, 우리는 하나님 안에 살고 하나님도 우리 안에 사십니다. 이처럼 사랑이 우리 안에 자유롭게 드나들고 익숙해지고 성숙해지면, 심판 날에 우리는 염려할 일이 없을 것입니다. 그리스도께서 사신 대로 우리도 그렇게 살기 때문입니다. 사랑 안에는 두려움이 들어설 자리가 없습니다. 온전한 사랑은 두려움을 내어 쫓습니다. 두려움은 삶을 무력하게 만듭니다. 두려워하는 삶, 곧 죽음을 두려워하고 심판을 두려워하는 삶은 사랑 안에서 온전해지지 못한 삶입니다.

19 그럼에도, 우리는 사랑합니다. 사랑하고 사랑받습니다. 우리가 먼저 사랑받았으니, 이제 우리가 사랑합니다. 하나

님께서 먼저 우리를 사랑해 주셨습니다.

²⁰⁻²¹ "나는 하나님을 사랑한다!"고 떠벌리고는, 곧바로 형제나 자매를 미워하고 아무렇지도 않게 생각하는 사람이 있다면, 그는 거짓말쟁이입니다. 보이는 사람을 사랑하지 않으면서 어찌 보이지 않는 하나님을 사랑할 수 있겠습니까? 우리가 그리스도에게서 받은 계명은 단순명료합니다. 하나님에 대한 사랑은 사람에 대한 사랑을 포함한다는 것입니다. 여러분은 하나님과 사람 모두를 사랑해야 합니다.

5 ¹⁻³ 예수께서 메시아이심을 믿는 사람은 누구나 하나님에게서 난 사람입니다. 낳으신 분을 사랑한다면, 우리는 분명 그분에게서 난 자녀까지도 사랑할 것입니다. 하나님을 사랑합니까? 그분의 계명을 지킵니까? 이것이 우리가 하나님의 자녀를 사랑하는지 사랑하지 않는지를 구별해 주는 참된 기준입니다. 우리가 하나님을 사랑하는 증거는, 우리가 그분의 계명을 지킬 때 나타납니다. 그분의 계명은 결코 힘든 것이 아닙니다.

세상을 무릎 꿇게 하는 힘

⁴⁻⁵ 하나님에게서 난 사람은 누구나 세상의 방식을 이깁니다. 세상을 무릎 꿇게 하는 승리의 힘은, 다름 아닌 우리의 믿음입니다. 예수께서 하나님의 아들이심을 믿는 사람, 그

가 곧 세상의 방식을 이기는 사람입니다.

⁶⁻⁸ 예수, 하나님의 그리스도! 그분께서는 생명을 주는 탄생을 경험하시고, 죽음을 이기는 죽음도 경험하셨습니다. 그분께서는 자궁을 통한 탄생뿐 아니라, 세례를 통한 탄생도 경험하셨습니다. 그분께서는 그 세례를 통해 자기의 사역을 시작하시고, 희생적인 죽음을 맞이하셨습니다. 성령은 언제나 진리를 증언해 주십니다. 예수께서 세례 받으시고 십자가에 달리실 때 하나님이 함께 계셨음을 증언하시는 성령께서, 그 모든 사건을 우리 눈앞에 생생하게 제시해 주십니다. 증언은 삼중으로 이루어집니다. 성령과 세례와 십자가에 달리심이 그것입니다. 이 세 증언은 완전하게 일치합니다.

⁹⁻¹⁰ 우리가 사람의 증언도 그대로 받아들이는데, 하물며 하나님께서 마치 이 자리에 계신 것처럼 자기 아들에 관해 증언하실 때에는 더욱 확실하지 않겠습니까? 하나님의 아들을 믿는 사람은 누구나 하나님의 증언을 자기 속에 확인한 사람입니다. 믿지 않는 사람은 하나님을 거짓말쟁이로 만드는 자입니다. 하나님께서 자기 아들을 두고 친히 하신 증언을 믿지 않기 때문입니다.

¹¹⁻¹² 증언의 핵심은, 하나님께서 우리에게 영원한 생명을 주셨고, 그 생명이 아들 안에 있다는 것입니다. 그러므로 그 아들을 모신 사람은 생명을 가졌고, 그 아들을 부인하는 사람은 생명을 부인하는 자입니다.

허상이 아닌 실체

13-15 내가 이 편지를 쓰는 목적은 이것입니다. 하나님의 아들을 믿는 여러분이 의심의 그림자를 헤치고 나와, 영원한 생명, 허상이 아닌 실체를 소유하고 있음을 알게 하려는 것입니다. 우리는 하나님 앞에서 담대하고 자유롭게 되었습니다. 그분의 뜻에 따라 마음껏 구하고, 또 그분께서 들어주심을 확신하게 되었습니다. 하나님께서 들어주신다고 확신하고 구하면, 우리가 구한 것은 우리 것이나 다름없음을 우리는 압니다.

16-17 예컨대, (영원한 죽음으로 이끄는 "죽을"죄를 짓는 자들을 두고 하는 말은 아니지만) 어떤 그리스도인이 죄짓는 것을 보거든, 하나님께 도움을 구하십시오. 그러면 하나님께서 기꺼이 도우시고, 죽을죄를 짓지 않은 그 죄인에게 생명을 베푸실 것입니다. 죽을죄라고 할 수 있는 죄가 있는데, 나는 그것을 두고 간구하라는 말이 아닙니다. 우리가 잘못 행하는 것은 다 죄입니다. 그러나 죄라고 해서 다 죽을 죄는 아닙니다.

18-21 우리가 알기로, 하나님에게서 난 사람은 아무도 죄, 곧 죽을죄를 짓지 않습니다. 하나님에게서 난 사람은 하나님의 보호를 받습니다. 마귀도 그를 건드리지 못합니다. 우리는 하나님께서 우리를 굳게 붙잡아 주신다는 것을 압니다. 오직 세상 사람들만 마귀의 손에 붙잡혀 있습니다. 우리가 알다시피, 하나님의 아들이 오셔서, 우리로 하여금 하나님의

진리를 깨닫게 해주셨습니다. 실로 멋진 선물이 아닐 수 없습니다! 우리는 진리 자체이신 하나님의 아들 예수 그리스도 안에 살고 있습니다. 이 예수야말로 참 하나님이시며 참 생명이십니다. 사랑하는 자녀 여러분, 모든 가짜는 영리하기 그지없으니, 그들을 조심하십시오.

요한이서

¹⁻² 사랑하는 회중 여러분, 여러분의 목회자인 나는 진리 안에서 여러분을 사랑합니다. 나만 그런 것이 아니라, 영원토록 우리 안에 머물러 계시는 진리를 아는 모든 사람들이 여러분을 사랑합니다.

³ 하나님 아버지와 아버지의 아들 예수 그리스도께서 주시는 은혜와 자비와 평화가, 진리와 사랑 안에서 우리와 함께하기를 바랍니다!

⁴⁻⁶ 여러분의 회중 가운데 많은 사람들이 아버지께서 명하신 대로 진리를 따라 열심히 살아가고 있다는 소식을 듣고, 내가 얼마나 행복했는지 이루 말할 수 없습니다. 그러나 친구 여러분, 내가 여러분의 기억을 다시 일깨워 드리니, 서로 사랑하십시오. 이것은 새로운 계명이 아니라, 우리가 처음부

터 가지고 있던 기본 헌장을 되풀이한 것입니다. 사랑은 그분의 계명을 따라 사는 것입니다. 그분의 계명을 하나로 줄여 말하면 이렇습니다. "사랑 안에서 삶을 경영하라." 이것은 여러분이 처음부터 들은 것입니다. 변한 것은 하나도 없습니다.

속이는 자! 적그리스도!

⁷ 세상에는 그럴듯한 말로 속이는 사람들이 많이 활개 치고 있습니다. 그들은 예수 그리스도께서 살과 피를 가진 진짜 사람이었다고 믿지 않습니다. 그들에게 그들의 진짜 이름을 붙여 주십시오. "속이는 자! 적그리스도!"라고 말입니다.

⁸⁻⁹ 그들을 조심하십시오. 우리가 함께 애써서 맺은 열매를 잃어버리는 일이 없게 하십시오. 나는 여러분이 받을 모든 상급을 여러분이 다 받게 되기를 바랍니다. 누구든지 함부로 그리스도의 가르침을 버리겠다고 생각하는 사람이 있다면, 그는 하나님을 버리는 자입니다. 그러나 그리스도의 가르침 안에 머무르는 사람은, 아버지에게도 신실하고 아들에게도 신실한 사람입니다.

¹⁰⁻¹¹ 이 가르침을 붙들지 않는 사람이 눈에 띄거든, 그를 초청해 들이거나 그에게 자리를 내주는 일이 없게 하십시오. 만일 초청하거나 자리를 내주면, 그에게 악행을 계속할 빌미를 마련해 주는 셈이며, 결국 여러분도 그와 한패가 될 수 있습니다.

12-13 나는 여러분에게 할 말이 많이 있지만, 종이와 잉크로 쓰고 싶지 않습니다. 조만간 여러분에게 직접 가서 마음을 터놓고 이야기를 나눌 수 있기를 바랍니다. 그것이 여러분과 내게 훨씬 만족스러운 일이 될 것입니다. 이곳에 있는 여러분의 자매 교회의 회중 모두가 안부를 전합니다.

요한삼서

¹⁻⁴ 목회자인 나는, 사랑하는 벗 가이오에게 편지합니다. 나는 그대를 진정으로 사랑합니다! 그대와 나는 가장 절친한 친구 사이이니, 나는 그대가 하는 모든 일이 잘되고, 그대가 건강하기를 기도합니다. 또한 그대의 영혼이 잘됨 같이, 그대의 일상의 일도 잘되기를 간구합니다! 몇몇 친구들이 와서, 그대가 끊임없이 진리의 길을 따라 살고 있다는 소식을 전해 주었을 때 나는 몹시 기뻤습니다. 나의 자녀들이 진리의 길을 꾸준히 걷고 있다는 소식을 듣는 것만큼 나를 행복하게 해주는 일도 없을 것입니다!

선한 것을 본받으십시오

⁵⁻⁸ 사랑하는 친구여, 그대가 그리스도인 형제자매는 물론이

고 낯선 사람들까지 환대하고 있으니, 그대의 믿음이 더욱 돋보이는군요. 그들이 이곳 교회로 돌아와서, 그대의 사랑이 어떠했는지를 전부 말해 주었습니다. 그대가 이 여행자들을 도와 여행을 계속하게 한 것은 잘한 일입니다. 그것은 하나님께서 펼치시는 환대의 손길과 같은 것입니다! 그들은 그분의 이름을 깃발에 내걸고 길을 나서서, 믿지 않는 사람들에게서는 아무 도움도 받지 않습니다. 그러므로 그들은 우리가 제공하는 도움을 받을 자격이 있습니다. 우리는 식사와 잠자리를 제공함으로써, 진리를 전파하는 그들의 동료가 되는 것입니다.

⁹⁻¹⁰ 전에 나는 이와 관련해서, 그곳에 있는 교회에 편지를 써 보냈습니다. 그러나 지도자 되기를 좋아하는 디오드레베가 나의 권고를 깎아내렸습니다. 내가 가면, 우리에 관해 악의적인 소문을 퍼뜨린 이유를 그에게 반드시 따져 묻겠습니다. 그것으로도 모자랐는지, 그는 여행중인 그리스도인들을 환대하지 않고 다른 사람들이 그들을 환대하는 것까지 막으려고 합니다. 더욱이 그들을 맞아들이기는커녕 오히려 내쫓기까지 합니다.

¹¹ 친구여, 악한 것과 짝하지 마십시오. 선한 것을 본받으십시오. 선한 일을 하는 사람은 하나님의 일을 하는 사람입니다. 악한 일을 하는 사람은 하나님을 저버리고, 하나님에 대해 기초적인 것조차 모르는 자입니다.

¹² 모든 사람이 데메드리오를 칭찬하고, 진리 자체가 그를

지지합니다! 우리가 보증합니다. 그대는 우리가 함부로 보증하지 않는다는 것을 알 것입니다.

13-14 그대에게 할 말이 많지만, 나는 펜과 잉크로 쓰고 싶지 않군요. 내가 조만간 그곳으로 직접 가서 마음을 터놓고 이야기할 수 있기를 바랍니다. 그대에게 평화가 있기를 바랍니다. 이곳에 있는 벗들이 안부를 전합니다. 그곳에 있는, 이름으로만 아는 우리의 벗들에게 안부를 전해 주십시오.

유다서 | 머리말

우리의 영적 공동체는 우리의 육체만큼이나 병에 걸리기 쉽다. 그러나 우리의 예배와 증언에서 잘못된 것을 찾아내기란 우리의 위장과 폐에 생긴 병을 찾아내는 것보다 훨씬 어렵다. 육체가 병들거나 상처를 입으면, 고통이 우리의 주의를 끈다. 그리고 우리는 신속하게 조치를 취한다. 그러나 우리의 영적 공동체 안에 침투한 위험하고 치명적인 바이러스는 오랫동안 발견되지 않은 채 잠복해 있을 수 있다. 육체를 치료하는 의사가 필요한 만큼, 영을 진단하고 치료하는 사람은 더욱 필요하다.

유다가 초기 그리스도인 공동체에 보낸 편지는 바로 그러한 진단이라고 할 수 있다. 그는 편지에서 이렇게 말한다. "그러던 차에 간곡한 권고가 담긴 편지를 쓸 필요가 생겼습니다. 그것은 우리에게 선물로 맡겨진 이 믿음을 지키고 소중히 여기기 위해, 여러분이 가진 모든 것을 동원해 싸워야 한다는 것입니다"(유 3절). 신자들이 무언가 잘못되었다는 것을 알지 못하거나, 적어도 유다가 지적하는 것만큼 잘못되지 않았다고 생각하는 상황에서 유다의 진단은 더욱 필요한 것이었다.

물론 그리스도인 공동체 안에서의 삶은 단순히 공격이나 파괴로부터 신앙을 보호하는 일에 그치지 않는다. 이 일에 과대망상적인 태도를 보인다면 그것은 정신적으로뿐만 아니라 영적으로도 해롭다. 그리스도인이 가장 먼저 갖추어야 할 자세는, 유다가 말한 대로 "두 팔을 활짝 벌려 우리 주 예수 그리스도의 자비를 기다리는 것"이다. 이와 함께 강력한 경계 태세도 필요하다. 유다는 편지를 읽는 이들에게 다음과 같이 격려한다. "여러분은 가장 거룩한 이 믿음 안에 여러분 자신을 세우십시오. 성령 안에서 기도하고, 하나님의 사랑 한가운데 머무르고"(유 20절). 유다의 호루라기소리가 수많은 불행을 막았다.

유다서

¹⁻² 예수 그리스도의 종이며 야고보의 형제인 나 유다는, 하나님 아버지께서 사랑하시고 예수 그리스도께서 부르시고 지켜 주시는 이들에게 편지합니다. 모든 일이 바르게 될 것이니, 긴장을 푸십시오. 모든 것이 화합할 것이니, 안심하십시오. 사랑이 시작되고 있으니, 여러분의 마음을 활짝 여십시오!

모든 것을 동원해 싸우십시오

³⁻⁴ 사랑하는 친구 여러분, 나는 우리가 함께 누리고 있는 이 구원의 삶에 관해서 여러분에게 편지하려고 여러모로 애썼습니다. 그러던 차에 간곡한 권고가 담긴 편지를 쓸 필요가 생겼습니다. 그것은 우리에게 선물로 맡겨진 이 믿음을 지

키고 소중히 여기기 위해, 여러분이 가진 모든 것을 동원해 싸워야 한다는 것입니다. (이런 일이 일어나리라고 성경이 우리에게 경고한 대로) 어떤 사람들이 우리 모임에 잠입하는 일이 일어났습니다. 그들은 겉으로만 경건한 척하는 **뻔뻔한 불한당**입니다. 그들의 속셈은 우리 하나님의 순전한 은혜를 방종거리로 바꾸는 것입니다. 그것은 오직 한분이신 우리 주 예수 그리스도를 제거하는 일이나 다름없습니다.

우주에서 길을 잃은 별들

5-7 여러분이 이미 잘 알고 있는 내용이어서 새삼스럽게 여러분의 기억을 되살릴 필요가 없을 테지만, 내가 할 수 있는 한 분명하게 제시하려는 것은 이것입니다. 간략하게 말씀드리겠습니다. 주님께서 그분의 백성을 이집트 땅에서 구원해 내셨지만, 나중에 변절자들을 모두 멸하셨습니다. 또한 여러분은, 사악한 짓을 일삼기 위해 자기 자리를 지키지 않고 내팽개친 천사들의 이야기를 알고 있습니다. 그들은 지금 쇠사슬에 매여 캄캄한 곳에 갇혀 최후 심판의 날을 기다리고 있습니다. 그들과 똑같이 행하다가 성적인 황폐함에 **빠진** 소돔과 고모라와 그 주위 도성들은 또 다른 본보기입니다. 그 도성들은 불타고 불타도 완전히 타서 없어지지 않는 형벌을 받음으로써, 지금도 여전히 경고의 표지 역할을 하고 있습니다.

8 최근에 잠입해 들어온 이 침입자들의 프로그램도 똑같습

니다. 그들은 불륜을 일삼고, 법과 통치자를 거부하며, 영광을 진창으로 끌어넣습니다.

9-11 미가엘 천사는 천사장이면서도, 모세의 시체를 놓고 마귀와 격렬한 논쟁을 벌일 때 함부로 모독적인 저주를 퍼붓지 않고, "그렇게 해서는 안된다. 하나님께서 그대를 처리하실 것이다!" 하고 말했을 뿐입니다. 그러나 저 침입자들은 자기들이 이해하지 못하는 것은 무엇이든지 깔보고 조롱합니다. 그들은 자기들이 하고 싶어 하는 것만 하고 짐승처럼 본능에 의지해 살다가, 스스로를 파멸시키고 맙니다. 나는 그들을 생각만 해도 진저리가 납니다! 그들은 가인의 길을 따라 걸었고, 탐욕 때문에 발람의 오류에 빠져들었으며, 고라처럼 반역하다가 멸망당하고 말았습니다.

12-13 그들은, 여러분이 함께 예배하고 식사할 때 나누는 여러분의 애찬을 망치는 자들입니다. 그들은 여러분의 평판을 떨어뜨립니다. 부끄러운 줄도 모른 채 흥청거리고, 아무것에도 얽매이려 하지 않습니다. 그들은 이와 같습니다.

바람에 떠밀려 사라지는 연기,
잎새와 열매도 없이 죽고 또 죽어서
뿌리째 뽑힌 늦가을 나무,
수치의 거품 외에는 아무것도 남기지 못하는
바닷가 거친 파도,
우주에서 길을 잃고

짙은 어둠을 향해 가는 별들.

14-16 아담의 칠대손 에녹은 그들을 두고 이렇게 예언했습니다. "보아라! 주님께서 수천의 거룩한 천사들과 함께 오셔서, 그들 모두를 심판하실 것이다. 저마다 뻔뻔스럽게 저지른 모든 모독 행위와, 경건한 척하면서 불경스럽게 내뱉은 모든 더러운 말에 따라, 각 사람에게 유죄 판결을 내리실 것이다." 이들은 불평과 불만을 늘어놓는 자들로서, 가장 큰 빵조각을 움켜잡으려 하고, 허풍을 떨고, 자기들을 출세시켜 줄 말이라면 무엇이든 지껄입니다.

17-19 그러나 사랑하는 친구 여러분, 우리 주 예수 그리스도의 사도들이 이런 일이 일어날 것이라고 일러 준 것을 기억하십시오. "마지막 때에는 이 같은 일을 더 이상 진지하게 받아들이지 않는 자들이 나타날 것입니다. 그들은 이 일들을 농담처럼 받아들이고, 경건을 자기들의 변덕과 욕망으로 변질시킬 것입니다." 그들은 교회를 분열시키고, 자기들만 생각하는 자들입니다. 그들에게는 아무것도 없으며, 성령의 표지도 전혀 없습니다!

❧

20-21 그러나 사랑하는 친구 여러분, 여러분은 가장 거룩한 이 믿음 안에 여러분 자신을 세우십시오. 성령 안에서 기도하고, 하나님의 사랑 한가운데 머무르고, 두 팔을 활짝 벌려

우리 주 예수 그리스도의 자비를 기다리십시오. 그것이야말로 영원한 생명, 참된 생명입니다!

22-23 믿음 안에서 머뭇거리는 사람들을 너그러이 대하십시오. 잘못된 길을 걷는 사람들을 찾아가십시오. 죄지은 사람들에게 마음을 쓰되, 죄는 너그럽게 대하지 마십시오. 죄 자체는 아주 나쁜 것이기 때문입니다.

24-25 여러분을 일으켜 주시고 자기 앞에 우뚝 세우셔서, 여러분의 마음을 새롭고 기쁘게 해주시는 분, 오직 한분이신 우리 하나님, 오직 한분이신 우리 구주께, 우리 주 예수 그리스도를 통해 영광과 위엄과 권능과 주권이 영원 전부터, 또한 이제와 영원까지 있기를 바랍니다. 아멘.